T0049003

Letizia y yo

JAIME PEÑAFIEL

Letizia y yo

Cuarta edición

© Jaime Peñafiel, 2023
© Editorial Almuzara, S. L., 2023

Primera edición: noviembre de 2023
Segunda edición: diciembre de 2023
Tercera edición: diciembre de 2023
Cuarta edición: enero de 2024

Reservados todos los derechos. «No está permitida la reproducción total o parcial de este libro, ni su tratamiento informático, ni la transmisión de ninguna forma o por cualquier medio, ya sea mecánico, electrónico, por fotocopia, por registro u otros métodos, sin el permiso previo y por escrito de los titulares del *copyright*».

Cualquier forma de reproducción, distribución, comunicación pública o transformación de esta obra solo puede ser realizada con la autorización de sus titulares, salvo excepción prevista por la ley. Diríjase a CEDRO (Centro Español de Derechos Reprográficos, *www.cedro.org*) si necesita fotocopiar o escanear algún fragmento de esta obra.

Arcopress • Colección Sociedad actual
Dirección editorial: Pilar Pimentel
Edición de Ángeles López y Rebeca Rueda

www.arcopress.com
pedidos@almuzaralibros.com - info@almuzaralibros.com

Editorial Almuzara
Parque Logístico de Córdoba. Ctra. Palma del Río, km 4.
C/8, nave L2, n.º 3, 14005, Córdoba.

Imprime: Romanyà Valls
ISBN: 978-84-11318-92-1
Depósito legal: CO-1724-2023
Hecho e impreso en España - *Made and printed in Spain*

A Jaime del Burgo.
(Ella sabe por qué).

Índice

En Londres, a 18 de julio de 2023
Excmo. Sr. Don Manuel Pimentel
Editorial Almuzara
Parque Logístico de Córdoba. Ctra. Palma del Río, km 4, c/8 nave L2, módulos 6-7, C. P.: 14005, Córdoba.

Muy Sr. mío,

En los últimos meses he mantenido conversaciones telefónicas e intercambiado correspondencia mediante *email* con el periodista don Jaime Peñafiel, haciéndolo conocedor de hechos relevantes de mi vida privada.

El Sr. Peñafiel tiene mi plácet para publicar los hechos en cuestión, sea empleando su propia redacción, sea entrecomillando mis palabras, lo que le comunico mediante esta carta que adelanto por *email* y se le enviará a la editorial a los efectos que procedan.

Atentamente,

Jaime del Burgo

Nota de la editorial: Jaime del Burgo no tiene interés económico alguno, directo o indirecto, en el libro *Letizia y yo* de Jaime Peñafiel.

Nota del autor
a sucesivas ediciones

Sigo valiendo más por lo que callo que por lo que cuento…, y seguiré callando.

* * *

A propósito de todos aquellos que opinan, escriben y hablan sobre Letizia sin conocerla, se les puede aplicar el concepto desarrollado en este siguiente texto: «ultracrepidianos».

Los ultracrepidianos son esas personas que opinan sobre todo sin tener conocimiento de casi nada. Son esos perfiles que no dudan en corregirnos, en minimizar nuestras valías para destacar en cualquier circunstancia y en medio de toda conversación.

Los ultracrepidianos, lejos de estar en peligro de extinción, aparecen más cada día. Son esas personas que opinan sobre todo sin tener conocimiento de nada. Son los que nunca se callan, los que nos corrigen, los que tienen sugerencias para casi cualquier tema, los que quieren arreglar el mundo casi cada día y aquellos que infravaloran a los auténticos expertos en un tema. Resulta curioso lo rico que es nuestro lenguaje y los términos de los que disponemos para definir esos comportamientos que vemos tan a menudo.

«Ultracrepidarianismo» parece, sin duda, una de esas palabras tan complicadas de recordar como de pronunciar. Sin embargo, resulta sorprendente saber que lleva con nosotros desde épocas muy remotas y que la usan en casi cualquier lugar del mundo. Entre todos nosotros hemos dado nombre a ese perfil con una tendencia casi obsesiva a opinar y dar consejos sobre áreas y personas de las que generalmente ni conocen ni controlan. Ahora bien, queda claro, no obstante, que todos tenemos pleno derecho a dar una opinión sobre cualquier cosa y cualquier persona.

Sin embargo, hacerlo con humildad y desde esa óptica desde la cual entender que no dominamos todas las materias de la vida puede decir mucho de nosotros. Así, es interesante saber que el comportamiento de los ultracrepidianos es una materia de gran interés para el campo de la psicología.

Ellos tienen respuesta para todo. No se callan. Tampoco son conscientes de sus limitaciones y, lo que es peor, no respetan. Asimismo, son de los que buscan destacar a toda costa y, para ello, no dudan en descalificar a los demás, incluso a las personas que no conocen.

Si nos preguntamos ahora cuál es el origen de esta palabra, debemos remontarnos a Apeles de Colofón, del año 352 a. C.

Cuenta la historia que, en una ocasión, mientras el artista preferido de Alejandro Magno estaba enfrascado en una de sus obras, entró un zapatero a su taller para dejarle un encargo. Cuando éste vio las pinturas y los murales, empezó a criticar mucho los detalles. Ante ese comentario, Apeles de Colofón le dijo lo siguiente: «Que el zapatero no opine más arriba de los zapatos». De ahí, la clásica expresión: «Zapatero, a tus zapatos».

Los ultracrepidianos se caracterizan básicamente por un principio muy elemental: cuanto menos saben, más creen saber sobre algo y sobre las personas. Esta relación responde a lo que en psicología se conoce como el «efecto Dunning-Kruger», por el cual las personas con menos competencias cognitivas e intelectuales tienden por término medio a opinar sobre las cosas y las personas.

(Escrito y verificado por la psicóloga
Valeria Sabater para *La mente es maravillosa*).

Prólogo

Me gustaría explicar, sobre todo a Letizia y también a la opinión pública, el porqué de este libro. Por supuesto, a estas alturas de mi vida no lo he escrito con el afán de ganar publicidad ni de lucrarme. Tampoco para vengarme. ¿De qué y de quién? Lo hago como una obligada aportación para que se conozca la verdad sobre la vida de una mujer cuya existencia es distinta a la de los demás españoles, solamente por su condición de consorte de Felipe VI. Desde ese momento, la historia está plagada, en el mejor de los casos, de inexactitudes e interpretaciones erróneamente cortesanas, malos entendidos y, en el peor, tan sólo de historias mendaces, engañosas o totalmente falsas.

Estoy convencido de que escribir sobre Letizia Ortiz Rocasolano es un ejercicio interiormente inquietante desde todos los ángulos. Lo he pensado muy bien antes de ponerme a redactar.

Todo el mundo que me conoce —y los que no, también, porque lo he proclamado con mi voz y con mi pluma— sabe que valgo más por lo que callo que por lo que cuento. Pero, en este libro que el lector tiene en sus manos, voy a contar todo lo que se pueda. Aunque no todo lo que sé. Anticipo que puede que la protagonista no salga bien parada, a pesar de mi reconocido *fair play*. Porque, cuando me dispongo a escribir, no soy como el novelista que ignora lo que va a ocurrir a sus personajes. Aquí, de la protagonista lo sé casi todo, y, de lo que no, ya irán surgiendo historias, anécdotas, sucedidos engarzados como las cerezas de un cesto.

Algunas personas, conocedoras de lo que estaba escribiendo, me hicieron llegar «informaciones»; la mayoría de ellas, con un tufillo desagradable de intenciones torticeras que rechacé. No me gusta que nadie me utilice contra nadie, y mucho menos contra Letizia. Como buen zahorí, estoy acostumbrado a buscarme las fuentes en las que beber. Fuentes más o menos valiosas que me permitan disponer de una visión de la persona sobre la que voy a escribir.

Cierto es que me asusta y preocupa ser depositario de tantos secretos, aunque confieso, como diría Robert Louis Stevenson, que mi memoria es magnífica para olvidar. Tantas cosas conozco sobre Letizia que a veces resulta difícil retenerlas todas; sin embargo, algunas, aunque muy lejos, en algunos casos muy atrás en su pasado, todavía flotan en mi memoria.

Según Shakespeare, «el pasado es un prólogo de la vida». «Dejemos que el pasado sea el pasado», dicen quienes preferirían —entre estos, la propia Letizia— que ese pasado no existiese. Pero, como decía don Juan de Borbón, conde de Barcelona, sobre su nieto Felipe:

> Como joven, es libre de elegir el momento y la persona con la que ha de casarse. Lo hará con quien tenga que hacerlo. Lo tiene claro. [¡Qué ingenuidad la de don

Juan!]. Lo hará por encima de cualquier inclinación eventual… El príncipe sabe que no puede ser libre para elegir a su futura esposa porque ésta será la consorte real. Su libertad de elección está limitada… Cuando pienso en una copia para España de Diana Spencer, tiemblo.

No hay que olvidar, como decía el conde de Barcelona, que el español siempre encuentra un argumento para justificar un error personal del príncipe o del rey (¡menudo error el de Felipe con Letizia!), pero es mucho menos generoso con los tropiezos o el pasado de la consorte, que debe ser lo más limpio y honrado posible, porque ese pasado familiar (nieta de taxista comunista y familia republicana) o personal (otros amores o amoríos, otras bodas, otros embarazos, otros abortos) siempre se hará presente desde el momento en que deja de ser una figura privada, aunque ello no deba suponer la pérdida del derecho a que se respete su intimidad personal y familiar. Sin embargo, la realidad es que esa intimidad, ese derecho dejan de serlo si te conviertes en la persona en la que se ha convertido ella. Desde ese momento, su biografía pasa a ser pública y todo ciudadano tiene derecho a conocerla hasta en los más mínimos detalles.

Tal parece que don Juan hablaba de la Letizia que todavía no existía: «De todas formas, hay que esperar y desear que el príncipe elija bien [¡qué ingenuidad!, repito], atendiendo, sobre todo, a los latidos de su corazón. Y que tenga suerte [¡que no la tiene!]». De todas formas, la verdad de esta historia, como la paja, flota en la superficie de la vida de nuestra protagonista, Letizia Ortiz Rocasolano, sin necesidad de bucear en su intimidad, ya que su vida es pública las veinticuatro horas del día. No por el interés del público, sino por interés público, que no es un juego de palabras sin importancia, sino algo mucho más serio y trascendental para la formación de la opinión pública sobre las personalidades que, como Letizia, exigen el respeto de los ciudadanos, tanto en su vida pública como en la privada que no tiene.

Introducción a mi libro

Este libro que el querido lector tiene en sus manos podía titularse, con toda lógica, no *Letizia y yo*, sino *Letizia y Jaime*. Por una sencilla razón: protagonistas son, además de la consorte real, Jaime del Burgo, un hombre importante en la existencia vital sentimental de Letizia, y también Jaime Peñafiel, el autor y uno de los que mejor la conoce, o eso cree, hasta el extremo de ser considerado por el personal como un «experto» en la vida de Letizia Ortiz. Pero los editores han decidido que el título sea *Letizia y yo*, contra toda ética profesional, ya que el periodista, que es lo que soy, nunca debe ser protagonista, sino notario de los hechos del personaje que ocupa la atención de los españoles desde el preciso momento en el que se anunció el nombre de la prometida del entonces príncipe de Asturias y futuro rey de España.

Desde que se supo el compromiso matrimonial de don Juan Carlos y doña Sofía, el 14 de septiembre de 1962, habían pasado cuarenta y un años. Y el mundo había cambiado muchísimo. Incluso en el gueto de las Familias Reales, sobre todo las reinantes. Y aunque saben que sus herederos tienen la obligación de casarse, a ser posible, con «profesionales», sólo en el caso en que la elegida suponga un «peligro» para el futuro de la institución, pueden hacer valer su derecho al veto.

Hasta que llegó el turno al príncipe Felipe, los hijos de los reyes se habían casado con quienes habían querido, aunque en el caso de las infantas supusiera una vulgarización de la monarquía, que ese día perdió toda la magia que hasta entonces se le atribuía. ¿Sería lo mismo en el caso del príncipe Felipe?

A este respecto, en una ocasión, la reina Sofía expuso lo siguiente:

> Ser rey o reina no se improvisa. El reinado empieza en tal o cual momento. Sin embargo, uno viene siendo rey o reina desde antes de nacer, desde que lo concibe su madre. Y ya se inicia toda una educación, todo un depósito de tradición, toda una exigencia, toda una forma de entender que estás en la vida para los demás. Eso, día tras día, va formando como una segunda naturaleza. Cuando llega el momento, salen resueltos los gestos de la realeza, sin que nadie los inspire.

Más claro no se podía definir lo que es un rey, lo que es una reina. Y algo más trascendental: cómo debe ser.

Con estas palabras no existía la menor duda de que doña Sofía estaba enseñando a su hijo cómo tenía que ser la mujer con la que no sólo compartiría su vida, sino también algo más importante: el trono de España.

En cierta ocasión preguntaron a doña Sofía: «Si uno de sus hijos quiere casarse con quien no debe, ¿cuál sería su actitud?». No lo dudó: «Primero, convencerlo del error que va a cometer. Y si persiste en el error…, ayudarlo para que el matrimonio funcione».

¿MÁS CUALIDADES QUE DEFECTOS?

Llevo ejerciendo esta profesión de periodista ininterrumpidamente desde hace más de sesenta años. A
pesar de ello, jamás supe de Letizia Ortiz Rocasolano
hasta el día en que se anunció su compromiso matrimonial con el príncipe Felipe, ese joven bueno sin esfuerzo,
pero un pobre hombre.

Aunque el 24 de octubre de 2003, siete días antes de
que se anunciara el compromiso real, coincidí hombro
con hombro con ella a las puertas del hotel Reconquista
de Oviedo, esperando la llegada de Felipe para presidir
la entrega de los Premios Príncipe de Asturias. Aquel
día no la identifiqué ni tan siquiera con la presentadora
de los informativos de noche de Televisión Española.
Posiblemente, ni me fijé en ella, a pesar de la belleza
que la prensa cortesana le atribuye desde que se casó y
que, a mi parecer, no tenía. Al menos para que me lla-
mara la atención.

Soy un periodista independiente y leal, pero no cortesano con la Familia Real. Esta lealtad no me impide ser
crítico, respetuosamente crítico, cuando las circunstancias y determinados comportamientos lo exigen. A pesar
de no ser Letizia la mujer que doña Sofía deseaba como
esposa para su hijo, y mucho menos don Juan Carlos,
aunque al lector le sorprenda leyendo este libro, no me
duelen prendas reconocer que Letizia, a pesar de todas
las críticas, no me ha decepcionado. Es más, fui el único
periodista que aplaudió cuando, el día de la petición de
la mano en el Palacio de El Pardo, el 6 de noviembre de
2003, supo ser fiel a sí misma y a su endiablado carácter,

cortando a Felipe cuando éste intentó interrumpirla. Tal cosa no se había visto ni oído jamás.

Han pasado casi veinte años, y Letizia no sólo no se ha moderado, sino que, sin ser la titular de la Corona, se comporta como si fuera la reina, no de la casa, que lo es, sino de la monarquía de la que sólo es consorte del rey. Ya no tiene nada que ver con aquella «chica muy lista» que decía el rey Juan Carlos, ¡que lo es!, pero también una mujer con carácter —como debe ser, aunque a veces, muchísimas veces, se pasa—. Y estoy seguro de que Letizia seguirá siendo fiel a sí misma y a su carácter. Guste o no guste. Como también estoy convencido de que la cortesana prensa española seguirá «admirándola», incluso en sus actitudes teatralmente afectadas de sus sentimientos hacia Felipe, al menos en público, y que sonrojan al personal.

Con este libro, he preferido espigar buscando esas cualidades que no conozco pero que debe tener. Consciente de donde viene, ha sido una mujer luchadora y tenaz. Los golpes que le ha dado la vida la han convertido en una sufridora interior, fría, orgullosa, cabeza alta, indestructible. Pero, asimismo, insegura y bastante frágil. Aunque daba la imagen de tía buena que se lo tiene muy creído, esa frialdad demuestra todo lo contrario.

Estaba cansada, por sus complejos. Se avergonzaba de que él coche de la televisión tuviera que recogerla en Vicálvaro, el barrio obrero donde vivía en un piso que jamás tuvo muebles. Sólo un sofá y una cama de matrimonio, un lugar poco glamuroso para una estrella de la tele y donde tuvo los primeros encuentros sexuales con el príncipe.

Según su primo David Rocasolano, que la conocía muy bien, Letizia era «aplicada, obediente, contradictoria, impenitente, concienzuda y terca, y muy ambiciosa». Por ello en la tele la apodaban la «Ambición Rubia», «Fictizia» y «Mortizia».

También dice de ella que es una mujer de arrolladora personalidad que no permite ni perdona un desliz, una traición, una deslealtad o un descuido. Y, mucho menos, una infidelidad. Es «típicamente celosa», habla poco, pero, cuando se suelta, es un torrente con una madurez intelectual apabullante y una capacidad innata para no expresar sus sentimientos, aunque, a juicio de David Rocasolano, «la vida en Zarzuela la ha transformado en una persona más controladora y más cruel».

P. D.: Si el lector se molesta en contar, comprobará que el número de cualidades de Letizia es superior al de los defectos…

CAPÍTULO 1

Una llamada desde Guadalajara

A primeros del año 2014, no recuerdo el mes ni el día, recibí en mi casa de Madrid una llamada telefónica de Teresa, una de las amabilísimas y eficaces secretarias de *El Mundo*, periódico en el que vengo colaborando desde hace más de veinte años: «Una señora de Guadalajara, Guadalajara de México, quiere hablar contigo. ¿Te paso la llamada?».

Tengo por costumbre atender a quien me llama, sobre todo si se identifica. Puede que se trate de una noticia de las que uno se pasa todo el día a la caza y captura.

—¿Señor Peñafiel? —preguntó la dama mexicana.

—Sí, soy yo. ¡Dígame!

Ante mi pregunta, se produjo un silencio.

Tuve que insistir:

—¡Dígame! ¡Dígame! ¿Con quién hablo?

—Soy la esposa del director de *Siglo XXI*, el periódico en el que trabajó Letizia durante su estancia en Guadalajara en 1995 como reportera del suplemento *Tenta-*

ciones, puesto que se ganó liándose con el gran jefe, mi marido. ¡Vaya tipa de reina que tiene usted...!

—Señora, si me llama usted para insultar, le cuelgo.

De nuevo, un tenso silencio. Posiblemente, la señora no esperaba que yo respondiera así a su descalificación de Letizia.

—Perdone si le he ofendido. Pero se lo voy a explicar. Cuando su re-i-na —cuando se refería a ella, lo hacía con mucha retranca— llegó a Guadalajara en el verano de 1995 —tenía veintitrés años—, entró a trabajar en el suplemento *Tentaciones* del periódico *Siglo XXI* —hoy llamado *Público*— que dirigía mi marido, y lo sedujo sin respetar que era un hombre casado y padre de cinco hijos. No podía digerir aquel tan prolongado engaño que todo el mundo conocía. Era la cornuda del periódico. Mi marido estaba tan enamorado de Letizia que, cuando ella regresó a España, se pasó días llorando su marcha. Después, decidí pedirle el divorcio.

¿ME EQUIVOQUÉ DE AMANTE?

Aquella mujer en ningún momento mencionó el nombre de su esposo. Intuí de pronto que podría tratarse de Jorge Zepeda Patterson, ganador del Premio Planeta 2014 en su 63.ª edición por su novela *Milena y el fémur más bello del mundo* —mi querida amiga y compañera Pilar Eyre fue finalista con la novela *Mi color favorito es verte*—. Era la primera vez que un mexicano conseguía tal galardón literario. Y pensé en la posibilidad de que la señora estuviera refiriéndose a Zepeda, quien fue además director de *Siglo XXI* desde su fundación en 1991 hasta abril de 1997, puesto que siempre se había dicho que éste se responsabilizó personalmente de la joven periodista española durante su estancia en Guadalajara.

Y así lo reconoció con los años; precisamente, durante la rueda de prensa del 16 de octubre de 2014, posterior al fallo del Premio Planeta que ganó, en la que explicó lo siguiente:

En mi etapa de director de *Siglo XXI*, llegó una mujer llamada Letizia Ortiz que comenzó a trabajar con nosotros bastante eficazmente. La ubicamos en la única plaza disponible: la guía del ocio llamada *Tentaciones*. Trabajaba con tanto ahínco que, después de un par de meses, tuve que llamar al editor del suplemento para informarle que, según había visto, el 80 % de las notas estaban firmadas por esta mujer, por lo que decidí que lo que ella hiciera estuviera firmado con su segundo apellido.

Por todo ello, cuando supe que el director de *Siglo XXI* había sido el ganador del Premio Planeta y que, con tal motivo, iba a ofrecer una rueda de prensa en el hotel Ritz de Madrid, recordé mi conversación con la dama mexicana y decidí presentarme no sólo para felicitarlo, que también, sino, sobre todo, para preguntarle por su relación sentimental con Letizia.

Cuando me vio, se dirigió a mí con expresión de estar encantado de verme; sin embargo, yo, sin apartar de la mente las confidencias que compartió conmigo quien creía que era su esposa, interrumpí la buena sintonía del primer encuentro para dispararle a bocajarro, de repente, sin pensarlo: «¿Tú has sido amante de Letizia?».

La suya fue, sin duda, una reacción natural y espontánea: «No fui yo, sino el director», me respondió con cierto nerviosismo.

Confieso que me sentí desorientado, confuso. En ese momento, no entendía nada. Y fui incapaz de pensar de manera clara y rápida como uno normalmente lo hace. ¿Acaso no estaba yo hablando con quien fue director del periódico *Siglo XXI* en el tiempo en que Letizia trabajó para dicho medio en Guadalajara, como él mismo había reconocido hacía unos minutos en la rueda de prensa?

Pensé que con la impertinencia de mi pregunta lo había colocado en una situación incómoda. Fue como si en mi interior se hubiera encendido un sofisticado y a la vez primitivo sistema de alarma capaz de señalarme de quien debería alejarme. Y me marché lleno de dudas. No de la duda metódica de Descartes, ese método y principio para llegar a una base de conocimiento cierto desde donde partir para encontrar la verdad de la historia. Simplemente, no entendía nada.

Si Jorge Zepeda había sido tan importante para Letizia durante su estancia de un año en Guadalajara, trabajando en el periódico que él dirigía, ¿qué impedía que ella lo felicitara por tan importantísimo premio literario como era el Planeta o que él solicitara una audiencia con su antigua y admirada alumna? Motivos había, y muy importantes. Tanto si fue su amante como si no lo fue. El Premio Planeta era más que suficiente para recibirlo en audiencia. ¿Por qué no lo hizo?

CAPÍTULO 2

El amante era otro

Desde aquel día me puse a investigar para encontrar al auténtico amante mexicano de Letizia. El premio planeta —Zepeda— me había dado la pista: «Fue el director». Recurrí a mis conocidos mexicanos. Alguno de ellos, del propio Guadalajara. No olvidéis que yo ya había viajado varias veces a México; en una de esas visitas, recorrí todo el país en coche, entrando por la costa del Pacífico para salir por la del Atlántico. Incluso residí en diferentes ocasiones en Cuernavaca, durante el exilio del Sah y Farah, quienes, tras el triunfo de la revolución islámica en Irán, debieron exiliarse de su país. El entonces secretario de Estado norteamericano Henry Kissinger presionó a las autoridades mexicanas para que les concedieran una residencia temporal después de que el mundo entero les hubiera cerrado las puertas, negándose a recibirlos. Cuando ellos sólo buscaban no un lugar donde vivir, sino donde Mohammad Reza Pahlevi, aquejado de un cáncer terminal, pudiera morir cn paz. Los emperadores persas llegaron a Cuernavaca en junio de 1979 para residir en una lujosa villa de la avenida Palmira. Yo me hospedaba en el hotel Las Mañanitas. Cuando Mohammad Reza Pahlevi se sintió morir, pidió ayuda a su amigo, el presidente egipcio Anwar el-Sadat, que lo acogió en El Cairo, donde falleció un año después, exactamente el 27 de julio de 1980. Nunca olvidaré aquel entierro, al que asistí y en el que Sadat quiso darle los honores de jefe de Estado.

Me he extendido con lo del Sha para explicar mis conexiones mexicanas, las cuales me ayudaron a encontrar a quien fue amante de Letizia en Guadalajara, adonde ella llegó para estudiar posgrado. Para ganarse la vida, logró trabajar en el periódico *Siglo XXI*, en el que Jorge Zepeda Patterson era el director y responsable de nuestra protagonista durante toda su estancia mexicana. En este periódico descubrió que lo que a ella le interesaba era el periodismo, demostrando ser una mujer inteligente como la que más, fría, feminista, republicana, poco religiosa, hiperactiva, luchadora incansable. Cualidades y defectos, según se mire, que también se pusieron de manifiesto cuando trabajaba en Televisión Española, donde la tildaron de ambiciosa y calculadora.

En abril de 2004, Erika Roa publicaba en la revista *Quién* una historia bajo el título de «El pasado oculto de Letizia de España», desvelando que el amante mexicano de Letizia se llamaba Luis Miguel González. Por ello, Jorge Zepeda Patterson llevaba razón cuando me dijo que el amante fue «el director»; se refería al director editorial del diario. Hoy no me cabe la menor duda de que la señora que me llamó a través de *El Mundo* fue la exmujer de Luis Miguel, de quien, al parecer, y según mis informadores, se separó coincidentemente cuando Letizia regresó a España. Éste la amaba y respetaba tanto que, cuando supo que Letizia se casaba con el príncipe Felipe, envió un correo electrónico a todos sus amigos pidiéndoles que, bajo ningún motivo, hablaran sobre la relación sentimental que había mantenido con ella. ¡Todo un caballero! Pero un caballero que no tuvo reparos en enamorarse siendo, como era, un hombre casado. Fue una relación muy pasional, y la pasión te hace olvidar todo.

«Ella era muy atrevida. Tenía esa actitud de quien se permite tocar puertas con poca prudencia y se acercaba a todo lo que le llamaba la atención. Era muy ambiciosa y disciplinada», le reconoció Luis Miguel González a Francisco Hernández.

CAPÍTULO 3

Letizia, «la Cigarrera»

Recordando la estancia de Letizia en México, algunos de los que fueron sus compañeros en el periódico *Siglo XXI* cuentan que no era la típica niña guapa que acude a los mejores sitios, sino a los lugares más populares de la ciudad de Jalisco, como era la fonda Irma Coraje o el bar Barbanegra, donde podía escuchar música en vivo y beber tequila, que le fascinaba. Actualmente, rechaza beber una copa de *champagne* ni tan siquiera para brindar en las cenas de gala en el Palacio Real. Lo más que se permite es acercarse la copa a los labios —y, a veces, ni eso—, una actitud que resulta no muy diplomática que digamos…

A Letizia también le gustaba visitar el mercado de Santa Tere, donde un día lloró por unos perritos que se vendían. «Si pudiera, me los llevaba todos».

Letizia ha cambiado tanto, tanto, desde que se ha convertido en consorte real que, en algunos casos, cuesta creerlo. No me refiero sólo a su rechazo al alcohol, sino a los perros. Nada más casarse y convertirse en dueña y señora de la Casa, lo primero que hizo fue poner de patitas en la calle al pequeño *schnauzer* de Felipe, su marido, que tuvo que salir del nuevo hogar, en aras de la armonía familiar, para dormir en el jardín, sin tener en cuenta que Felipe amaba a su perro, hijo de su querido Pushkin, el cual formó parte de su vida juvenil. Según los compañeros Carmen Enríquez y Emilio Oliva, «don Felipe no llamaba a nadie para que recogiera los vómitos y las caquitas del perrito, sino que lo hacía él mismo». Ello demuestra —y recordando las palabras de Carmen Iglesias, directora de la Real Academia de la Historia y preceptora que fue de Felipe VI— que «los perros han significado mucho en su vida», hasta el extremo de que, durante el internado en Canadá, doña Sofía viajó hasta allí para llevarle a su hijo a Pushkin, su adorado perro. Pero, ¡oh, sorpresa!, cuando el día que la infanta Sofía se marchaba a Gales, se coló en la despedida fotográfica en la Zarzuela su perro Jan que su madre le había regalado en su día.

A Letizia también le gustaba acudir, durante su estancia mexicana, los fines de semana a Puerto Vallarta y Maloapa, una playa *hippie* donde solía acampar, y por la ciudad se movía en camioneta o lo que fuera. «Era muy parrandera».

Por todo ello, no tiene por qué sorprender ni extrañar que, para sacarse algo de dinero y poder llegar a fin de mes, ya que el periódico no pagaba excesivamente bien, Letizia aceptara un humilde trabajo de ¡¡¡cigarrera!!! Sí. Como lo leen. Con un *look* informal, compuesto por unos pantalones vaqueros de tiro alto, botines marrones, camisa blanca con la marca de los cigarrillos Boots bordada sobre el pecho y un pañuelo rojo anudado al cuello, recorría las calles de Guadalajara promocionando la marca. Esta imagen me recordaba a las cigarreras de la zarzuela *De Madrid a París*, de Chueca y Valverde (1987), en la que Chari Moreno, Matilde González y Pepa Rosado promocionaban cigarrillos cantando sus excelencias, como Letizia. Estas imágenes aparecieron por vez primera en el diario británico *Daily Mail*, que ilustraba cuatro fotografías de ella ofreciendo paquetes de tabaco por las calles de Guadalajara en un artículo titulado «La vendedora de cigarrillos que se convirtió en reina».

Las imágenes fueron tomadas en 1995, cuando Letizia trabajaba como azafata de esa marca de tabaco, y en ellas se la ve posando con una actitud desenfadada.

Estas fotografías me las hicieron llegar desde México, aunque no las publiqué. Como escribo en el prólogo del libro, no me gusta ser utilizado contra nadie y, en este caso, ignoraba los motivos por los que la persona que me las enviaba quería que se publicaran.

CAPÍTULO 4

Alonso, David y Felipe

La única referencia de Letizia sobre quien, años más tarde, se convertiría en su marido la ofreció Sara Cuellar, la amiga más cercana de Letizia en México, recordando el día que ésta le preguntó su opinión sobre el príncipe Felipe: «Se me hace muy guapo, pero los hombres con cabellos rizados no me gustan».

Y sobre Alonso Guerrero, con quien aquel año convivía, le reconoció a Sara: «No me quiero casar... Ya he vivido con él. Y seguramente voy a volver con Chiqui, [que era como le llamaba]». «No tardó mucho en regresar con Alonso», reconoce David Rocasolano, en su documentadísimo libro *Adiós, princesa* (Foca). En el verano de 1998, se casaron y, el 19 de octubre del año 2000, presentaron la demanda de separación. Había sido, desde siempre, una relación destructiva, aunque con sus buenos momentos. Por ello, sus dudas en México de no saber si volver con él. Además, como le confesó a esta amiga mexicana, «tenía otro galán en puertas». Se estaba refiriendo, sin duda alguna, al periodista y escritor David Tejera, quien en aquella época trabajaba en CNN+. Desgraciadamente, la opinión pública lo sigue identificando por la relación que mantuvo con Letizia. Y de la que no guarda buen recuerdo. Lo grave de esta historia es que, cuando ella conoce a Felipe, el 17 de octubre de 2002, durante una cena en la casa de su antiguo compañero Pedro Erquicia (fallecido el 20 de abril de 2018), Letizia no sólo mantiene relaciones sentimentales con el gran David Tejera (cincuenta y tres años), sino que está embarazada de éste. Letizia lo abandona por el príncipe Felipe después de abortar. Por todo ello, y mucho más, dijo David Tejera: «Cuando me preguntan por ella, tengo tres caminos posibles. El primero, mentir, echándole piropos. El segundo, contar la verdad y cargar contra ella. Y el tercero, dejar que la gente saque sus propias conclusiones». Me identifico mucho con él, por varios motivos, independientemente de la profesión que nos une. Como yo, a punto estuvo de morir de coronavirus, ingresado en el Hospital Universitario Ramón y Cajal de Madrid, sobreviviendo a pesar de la falta de oxígeno que no le llegaba a los pulmones y el absoluto desplome físico.

¿Y qué hacía el príncipe Felipe mientras Letizia se encontraba en México?, se preguntará el lector. Aunque os sorprenda y os resulte increíble, ¡viviendo su primer amor! Aunque ya tenía… ¡veintiún años!

En aquel año de 1995, en la vida sentimental de Letizia aún no había aparecido Felipe, quien aquel año precisamente estaba viviendo sus primeros romances con Isabel Sartorius, Gigi Howard y otras, mientras estudiaba en la Universidad de Georgetown, en Estados Unidos. A ésta y al entonces príncipe Felipe los sorprendieron en la isla caribeña de Saint Martin, adonde había acudido en compañía de su primo Pablo de Grecia y la entonces novia de éste, Marie Chantal Miller, que estudiaban juntos en la misma universidad. Las fotografías tomadas por Hugo Arriazu y en las que la modelo norteamericana y el príncipe aparecen en actitudes más que cariñosas fueron motivos de toda clase de especulaciones sobre la presunta relación sentimental del heredero con la joven Gigi Howard, que fue sólo «la aventura americana de Felipe». Más tarde, llegaría Eva Sannum.

Antes, en el verano de 1989, ya había aparecido Felipe con otra joven a bordo de la pequeña embarcación Njao, extendiéndole por su torso desnudo una crema antisolar, mientras clavaba en ella su mirada azul. Aquella joven era Isabel Sartorius, la primera experiencia sentimental con visos de seriedad, hasta el extremo de que Isabel llegó a entrar en Zarzuela. ¿Puede considerarse a Sartorius como el gran amor de Felipe? Podría decirse que, si no el gran amor, sí un gran amor. Pero, en marzo de 1990, que se prometía tan feliz, la prensa comienza a manifestarse. Por primera vez se habla y se escribe de «la plebeya», de las leyes de sucesión y de la pragmática de Carlos III. «La Zarzuela no quiere una Lady Di». «Conjura de nobles contra Isabel» (y eso que era hija del marqués de Mariño. Luego resultaría que Letizia era nieta de taxista, comunista e hija de una sindicalista de izquierdas. ¡Toma ya!).

Y de repente, un año y medio después, vuelve a hablarse del presunto noviazgo de Felipe con la princesa Tatiana, hija de los príncipes soberanos de Liechtenstein, la princesa soñada por todos. No hay duda de que se trataba de un modelo de princesa que cualquier Casa Real gustaría de incorporar por matrimonio del heredero. Felipe y Tatiana compartieron mesa en 1995 con motivo de la boda de la infanta Elena con Jaime de Marichalar, en Sevilla.

A propósito de esta noticia, Alfonso Ussía recordaba las palabras que le había oído a don Juan, el conde de Barcelona, sobre el noviazgo de su nieto y que ya hemos citado anteriormente: «El príncipe se casará con quien tenga que casarse. Lo tiene muy claro. Y lo hará por encima de cualquier inclinación eventual».

Pues, desgraciadamente, más bien sucedió todo lo contrario.

CAPÍTULO 5

Aparece Letizia

Mientras que la actividad sentimental de Felipe durante el tiempo que Letizia permaneció en Jalisco tenía nombres y apellidos (Isabel, Gigi, Tatiana, Eva), de ella sólo se conoce el nombre del susodicho Luis Miguel y de alguno más, como el cantante Fher Olvera o el pintor argentino Waldo Saavedra, autor del rostro de una mujer semidesnuda que apareció en el álbum *Sueños líquidos* de Maná. Aunque, cuando se conocieron, Fher no le permitió que fumase delante de él y hasta le hizo apagar el cigarrillo, al final se gustaron y se bebieron unos tequilas. Posteriormente, circuló una versión según la cual Letizia y Fher habrían sostenido un tórrido romance, aunque, cuando le preguntaron a él, contestó: «Un caballero no tiene memoria, y ahí lo dejamos».

Como ya nos hemos referido anteriormente, cuando Letizia regresa, lo hace para reanudar, en principio, la convivencia con su compañero Alonso Guerrero, que había quedado interrumpida ante la negativa de él a que Letizia se marchara a México. Aunque, mientras Letizia y Alonso fueron novios, ella mantuvo un romance paralelo con Jim Russo, cuando era becaria en la Agencia EFE. Según contó el propio Russo al compañero Antonio Montero, uno de los mejores reporteros españoles que conozco, Letizia y Jim consumaron su relación en el hotel Holiday Inn de la calle Orense de Madrid y, posteriormente, en el parador de Almagro. Lo que yo ignoraba —y éste lo cuenta— es que, mientras se encontraba en México, Letizia viajó a Houston para visitar a Jim Russo. «Lógicamente, compartieron cama. También fueron a Las Vegas».

En el libro que Antonio Montero escribió bajo el título de *Paparazzi confidencial* (Ediciones Akal, 2015), relata una anécdota escatológica que retrata a sus protagonistas. En palabras de Jim Russo: «Letizia no me dejaba cagar en el baño de la habitación del hotel. Tenía que bajar al *lobby*. Entendía que yo tenía que hacerlo porque soy humano. Pero no en su baño».

Al regreso de Jalisco, Letizia reanudó sus relaciones sentimentales, compartiendo el apartamento cerca de EFE. «Ya éramos novios, pero en secreto. Todo eso, después de México», dice Russo, y también le reconoció al compañero que Letizia era una mujer con un carácter muy explosivo, muy duro, rompiendo cosas y tirando libros y estanterías. Luego, continúa su relato contándole que, en el transcurso de una discusión en Las Vegas, donde Letizia acudió a visitarlo desde Guadalajara (México), le clavó todas sus uñas en el cuello, y añade: «Me dejó casi inconsciente durante unos segundos, casi me caí al suelo».

Ignoro por qué Letizia, en aquella época, buscaba tan desesperadamente compañía. Resulta difícil aceptar que, al mismo tiempo que mantenía relaciones con

Alonso Guerrero, y también con Jim Russo, era novia de otro periodista, David Tejera. «Cuando lo supe, le pregunté, y ella, lógicamente, lo negó. Mi relación terminó en 1997», le reconoce a Montero.

Tener una aventura sentimental con Letizia en aquella época de su vida no salía gratis. Lo experimentó Jim Russo. Cuando ella se ennovia con Felipe, lo telefoneó para advertirle: «¡No me conoces de nada! No me conoces, no me conoces. Esto es muy serio. Y recuerda que no me conoces. Atente a las consecuencias». Y colgó.

En 1998, Letizia contrae matrimonio con Alonso Guerrero ante la oposición de algunos miembros de su familia —sobre todo, de su padre, Jesús Ortiz—. Sin embargo, según Ángela Portero y Paloma García-Pelayo, «la niña estaba enamorada y dispuesta a luchar a contracorriente». Esta boda de Letizia con su profesor de Literatura acabó con el matrimonio de sus padres, que, aunque la acompañaron ese día, al siguiente se separaron definitivamente.

CAPÍTULO 6

Aquella primera boda: la breve esposa

El 7 de agosto de 1998, la periodista Letizia Ortiz Rocasolano contrae matrimonio con un modesto profesor, Alonso Guerrero, su compañero sentimental desde hacía diez años. Y lo hace por lo civil, en el salón de plenos del ayuntamiento de Almendralejo y ante una fotografía de los reyes de España, don Juan Carlos y doña Sofía. Aunque parezca increíble, seis años después, el 22 de mayo de 2004, estos soberanos se convertirían en sus reales suegros.

Así pues, la fecha del 7 de agosto de ese 1998 queda señalada como el día en que Letizia da el «Sí, quiero» a la pregunta del alcalde de Almendralejo, Manuel Moreno, del PP, y se convierte en la breve esposa de su profesor.

Para aquella boda, lo hace vistiendo con traje blanco y sencillo por debajo de la rodilla y sin velo, y ante ciento cincuenta invitados entre familiares y amigos. Nada que ver con su segunda boda, ante mil cuatrocientas personas; entre ellos, la Familia Real en pleno, reyes, reinas, príncipes del mundo entero, miembros del Gobierno, cuerpo diplomático y personalidades de la política, la sociedad, la empresa y la cultura.

En esa primera boda, a la salida del ayuntamiento, arrojan a los recién casados granos de arroz, y después la ceremonia continuó con la celebración en un restaurante especializado en enlaces matrimoniales y bautizos de Almendralejo, conocido por el nombre de El Paraíso, presidido por una figura de hielo. La segunda, en el Palacio Real, con vajilla de Limoges, cubertería de plata y manteles de hilo.

Y el 22 de mayo de 2004, aquella periodista de tan apasionado y apasionante pasado se convierte en princesa consorte de Asturias y futura consorte del rey. ¡Como para volverse loca! Nunca como en esta ocasión el cuento de la cenicienta se hizo realidad. Y como sucede en muchas parejas que han convivido durante mucho tiempo, cuando deciden casarse, todo fracasa. Aquello acabó en divorcio, una ley al alcance de todos los ciudadanos que no hay por qué demonizar. Otra cosa es que aquella joven se convirtiera en la primera princesa de Asturias divorciada.

CAPÍTULO 7

Felipe como sultán de Brunei

El alma enamorada es alma blanda, humilde y paciente, como decía San Juan de la Cruz. El enamorado es un hombre o una mujer que va de prisa lentamente, aun cuando se produce el flechazo. Enamorarse así, repentinamente, no es amor. Éste viene después. Encontrar sólo es el comienzo.

Esto, entre seres normales, pero hay quienes, por ser vos quien sois, aunque sin llegar a practicar el derecho de pernada, no tienen necesidad de buscar. Simple y sencillamente, lo encuentran. «¿Me lo quedo? ¿Me hubieras buscado si no me hubieras visto en televisión?», ¿acaso se lo habrá preguntado alguna vez Letizia a su príncipe?

Verla y pedirle a Pedro Erquicia que le organizara una cena con la muchacha fue todo uno. Posiblemente, es el sistema moderno que tienen quienes pueden para encontrar pareja a la carta… televisiva.

¿Sería posible comportarse así con una princesa de verdad? Hay que ser Felipe o Muda Hassanal Bolkiah, el sultán de Brunei, ese pequeño sultanato en la isla asiática de Borneo, para que, sin buscar, sentado cómodamente ante el televisor, encuentres. Tal le sucedió al sultán, quien descubrió, a sus sesenta años, que aquella presentadora de los informativos, la periodista malaya Azrinaz Mazhar Hakin, de veintiséis años, era la mujer de su vida. Al menos lo fue durante los seis años que duró su matrimonio, desde 2005 al 2010, dándole dos hijos. Le bastó una sola llamada telefónica para que la joven dejara su trabajo y en una semana se convirtiera en su esposa, la tercera… En menos tiempo que Felipe con Letizia.

Ignoro si el sultán conocía o ignoraba todo de la vida de la presentadora. Como Felipe, que no sabía que había estado casada, separada, divorciada (o se iba a divorciar), ni tampoco conocía nada de su entorno. Recordemos que su madre era una enfermera sindicalista de izquierdas, y su padre, un hombre humilde, técnico o algo parecido de radio. Sin olvidar el oficio del abuelo materno, taxista del Partido Comunista. ¡Muy fuerte!

Hay que reconocer que cierta irresponsabilidad sí que hubo por parte del príncipe, enamorándose de una mujer con tal pasado cuando el conde de Barcelona, su abuelo, siempre había advertido que una reina no puede tenerlo.

Como estamos hablando del pasado de Letizia como arma arrojadiza, es de obligado cumplimiento puntualizar algo. A muchos les hubiera gustado que la vida de Letizia fuera como la de Jesucristo, que sólo existiera a partir de los treinta años. Pues va a ser que no. Su vida no había sido fácil. Sus padres se separaron inmediatamente después de su boda con Alonso Guerrero, su profesor, con quien se fue a vivir, abandonando el hogar familiar. Había tenido infinidad de aventuras sentimentales, no sólo en España, sino en México. Posiblemente, estaba cansada de una vida más que modesta en Rivas Vaciamadrid, un suburbio madrileño a donde no llegaba entonces ni el metro y donde vivía desde que su padre trajo a la familia, en 1987, huyendo de las deudas en Oviedo. Aquella separación la marcó.

Estoy seguro de que Letizia le dejó bien claro, desde el primer momento, a Felipe que ella no iba a ser como las demás. Vamos, que, de amante, nada. Cierto es que el príncipe no pretendía, en ningún momento, que lo fuera. Ni un ligue, ni mucho menos una «amiga entrañable», como las de su padre. Él se había enamorado, como le reconoció a su madre.

Letizia tenía en aquel año 2002 una vida sentimental complicada: divorciada de su marido y en crisis con su novio, el periodista David Tejera, del que estaba embarazada, y enamorada de un príncipe de verdad. ¿Y dónde encajaba aquí Jaime del Burgo? ¡Para volverse loca!

Consciente de todas las dificultades que la relación tenía, decidió poner tierra, mar y aire de por medio y se marchó, el 9 de noviembre, de viaje a Costa Rica. Sin motivos profesionales. Sólo íntimos y sentimentales.

Aquella ausencia fue un tormento para Felipe. Llegó a experimentar que el principio de la ausencia es como el fin de la vida, que decía Lope de Vega. Si con aquella separación Letizia había pretendido comprobar el amor de Felipe por ella, acertó. Era un amor total.

Como advertimos en todo momento, fue Letizia quien marcó los tiempos. ¡Y de qué manera! Al regreso de Costa Rica, también puso sus condiciones. Si iban a continuar con la relación, no podía enterarse nadie, absolutamente nadie. «Yo no soy ni Gigi ni Eva», pudo decirle.

Y fue en el modestísimo piso que Letizia había comprado hacía dos años en Valdebernardo, Vicálvaro, donde iniciaron su noviazgo. En aquellas dos habitaciones, «un cuchitril» («Toda mi casa cabe en tu dormitorio», le había dicho). Posiblemente, le daba vergüenza. Por ello, no quiso invitar jamás a nadie. Y entre aquellas humildes paredes donde se consolidó su amor, ella le contó toda su vida, incluida la sentimental que había vivido en México.

CAPÍTULO 8

Aquel dramático mes de octubre

Aunque lo de Felipe y Letizia fue un flechazo a primera vista, se necesitaron muchos encuentros para afianzar estos sentimientos mutuos antes de comunicárselo y presentarla a los reyes.

Compartieron cenas y copas en diferentes locales madrileños. Algunos de los puntos de encuentro entre la pareja fueron un bar restaurante de la plaza de la Cebada, propiedad de Lorenzo Queipo de Llano; otro bar restaurante en la calle Marqués de Riscal, Archy, edificio donde se encontraba *El Independiente*, periódico en el que yo era director adjunto, y también en el restaurante Tere, en Pozuelo de Alarcón, a quince kilómetros de Madrid.

En noviembre de aquel año 2002, Letizia se marcha a Santo Domingo con motivo de la XII Cumbre Iberoamericana. Y a primeros de octubre, deciden dar el paso definitivo de su noviazgo no sólo haciéndolo público, sino realizando la presentación de Letizia a los reyes, ignorantes de la relación sentimental que el príncipe mantenía. Después de lo que había sucedido, cuando obligaron a Felipe a romper con Eva Sannum, de la que estaba tan enamorado —tanto que, como informó a José María Aznar, pensaba anunciar su boda—, don Juan Carlos y doña Sofía decidieron no inmiscuirse en los temas sentimentales de su hijo. Sabían el sufrimiento que le había producido aquella ruptura, para la que el rey utilizó a mi paisano Fernando Almansa, entonces jefe de la Casa del Rey. ¡Menudo trago!, pedirle a un hombre que deje a la mujer que ama. Injustamente, después de esto, Felipe tomó represalias contra el mensajero pidiendo su cabeza, lo cual el rey Juan Carlos concedió.

También Jaime Ignacio del Burgo jugó un papel decisivo para que el matrimonio con Eva no se llevara a cabo. Conserva la carta en su archivo que dirigió al rey Juan Carlos y que el jefe de la Casa pidió remitirla también a Felipe, una carta que tuvo en él un gran impacto, lo que me corroboraría Jaime del Burgo en su relación futura con el príncipe.

El día 5, y en vísperas de un viaje oficial a Estados Unidos representando a su padre en una reunión del Banco Interamericano de Desarrollo, decidió informar a sus padres que estaba dispuesto ya a casarse con Letizia. La reacción de don Juan Carlos, que se encontraba en una finca de unos amigos, cuando recibió una llamada de Zarzuela comunicándole que el príncipe quería informarle de su boda, fue violentamente injusta: «Regreso a Madrid porque mi hijo ha decidido cargarse la monarquía», le dijo a su amigo anfitrión. La pregunta es obligada: ¿qué sabía el rey de Letizia para tener tal reacción?

Cuando por fin se encontró frente al príncipe en su despacho, y después de que Felipe le informara de su decisión, don Juan Carlos volvió a repetir lo de «¡Te vas a cargar la monarquía!». Mientras, doña Sofía, presente en tan importante y trascendental reunión, no hacía más que llorar. Sobre todo, cuando oyó a su hijo decirle al rey: «O me caso con ella, o renuncio a seguir siendo el heredero». La reina aprobó, desde el primer momento, este matrimonio, posiblemente en correspondencia a lo que Felipe la ayudaba en su permanente crisis matrimonial.

Después de aquella tensa reunión, Felipe se marchó a los Estados Unidos sin la autorización de su padre ya no sólo a la boda, sino al noviazgo. Fue un dramático día. Lo fue en grado sumo para sus padres y un poco menos para él, que pidió a Letizia que se reunieran en Nueva York.

Don Juan Carlos, que en un principio había decidido mantenerse firme en su decisión, se vio obligado a cambiar de opinión cuando el 12 de aquel dramático octubre, Día de las Fuerzas Armadas y fiesta nacional, el príncipe Felipe decidió echarle un pulso a su padre, quedándose en Nueva York, con el pretexto de una cena con… ¡¡¡Woody Allen!!! (¡Muy importante, ciertamente!).

El rey debió entender el mensaje, ya que, cuando Felipe regresó, no hubo más reproches, aceptando con su silencio la decisión sentimental de su hijo: casarse con Letizia.

Mientras tanto, el país seguía ignorando el nombre de la presunta prometida del príncipe. Yo, que colaboraba entonces en el programa *Día a Día*, presentado por la ya fallecida María Teresa Campos en Telecinco, había recibido una confidencia anónima, informándome que Felipe mantenía relaciones con una «profesional». Una palabra muy genérica y de amplísimo contenido; alguno, de dudoso gusto. Aunque yo deduje que se trataba de una… periodista, como así anunciaron el 31 de octubre las presentadoras Terelu Campos y Karmele Izaguirre. Con nombre y apellidos.

CAPÍTULO 9

Que nadie diga que ha dormido con la reina

Y el día 2 de noviembre, cuando España entera se quedó conmocionada con el anuncio del compromiso matrimonial de Felipe con Letizia, yo escribía este artículo en *El Mundo* con el siguiente título:

PERDÓN, PIDO PERDÓN

Perdón, pido perdón a Eva Sannum. Perdón, perdón también a Camilla Parker. Me siento en estos momentos avergonzado por mis críticas a la modelo noruega, de quien pensaba que no podía ser la inmediata sucesora de un modelo de reina como doña Sofía. Y sólo porque era horterilla, que eso se cura como al borracho la borrachera. Y sin formación. Avergonzados se sentirán hoy, también, todos aquellos que piensan que Camilla Parker no podrá ser reina de Inglaterra por… divorciada. Como mucho, sólo la esposa del rey. ¿Y qué decir de Isabel Sartorius, el primer gran amor de don Felipe y a la que descalificaban por ser hija de divorciados? Pero, como diría un castizo…, otro vendrá que bueno te hará. En «Mi semana» de *Crónica* [*El Mundo*], me aventuré a escribir, cuando aún no se conocía el nombre de la elegida de don Felipe, que «alguna vez tiene que ser. Puede que sea ésta. Además, con una española y profesional». Acerté. ¡Española y profesional del periodismo! ¡Qué felicidad para la profesión! Una periodista, Letizia Ortiz, futura reina de España. Y además, bonita y rubia, como le gustan al príncipe. Pero, oooh, divorciada. ¡No será verdad! Sí. Divorciada de quien fue su profesor de Lengua en el Instituto Ramiro de Maeztu en Madrid, Alonso Guerrero, con el que estuvo casada por lo civil sólo un año, lo que no impedirá que se case por la Iglesia y en la catedral de la Almudena. Hasta aquí, normal, tan normal como que, cada cinco segundos, se rompe un matrimonio en España. Esto no puede suponer nada negativo en la biografía de nadie. Pero, si partimos de la base de que una reina no puede tener pasado, el hecho de que Letizia Ortiz lo tenga ha causado sorpresa, estupor, incredulidad y, en algunos sectores, incluso indignación. Estoy seguro de que, a la hora de su elección, don Felipe habrá pensado más en los españoles que hoy tienen veinte, treinta o cuarenta años que en los que ya hemos cumplido los cincuenta, a los que debe considerarnos reaccionarios. Pero se olvida de esa mayoría —también reaccionaria— de católicos que difícilmente entenderán que una soberana de España sea una divorciada. «¡Que nadie pueda decir que ha dormido con la reina!», dicen que le dijo el rey al príncipe en cierta ocasión. Vaya usted a saber. Como diría aquel, ni quito ni pongo rey. Siempre he mantenido que el heredero debía casarse con quien quisiera, pero también con quien debiera. A raíz del escándalo del príncipe Johan Friso de los Países Bajos, que tuvo que renunciar a todos sus derechos, honores y privilegios al descubrirse que el pasado de su prometida no era el adecuado, escribí que el día que don Felipe se enamorara, la Casa Real y el Gobierno debían investigar hasta el ADN de la prometida. Según el artículo 57.4 de la Constitución, para que el heredero pueda casarse no solamente tiene que contar con la autorización del rey, sino también del Parlamento. Que yo sepa, este tema no ha sido llevado al Parlamento para que se pronuncie. Tras el anuncio oficial del compromiso con fecha aproximada de boda en el verano, pienso que el hecho de que Letizia sea una mujer divorciada no ha debido pesar negativamente para que los reyes aprobaran «con gran satisfacción» el futuro matrimonio. Lo que no deja de tener su lado positivo: la Familia Real ha pasado a ser una familia más en la que los hijos entran, salen, se relacionan, se divierten, se enamoran y se casan con quienes les da la gana. Aunque, a diferencia de estas familias normales, con honores y privilegios. El divorcio no debe impedir a nadie una segunda oportunidad. ¿Incluso para quien está llamada a ser reina de España? No existían precedentes. De ahí la sorpresa del personal que, si no entendió que el príncipe se enamorara de Eva Sannum, menos aún de una divorciada. Por todo ello, tengo que pedir perdón a Eva Sannum. ¿Qué pensará la pobre de esta decisión sentimental de quien fue su gran amor y al que tuvo que renunciar el príncipe por no poder compartir con ella —en su día— el trono de España, simple y sencillamente por ser ella una pobre modelo? Por lo demás, don Felipe se ha enamorado, como sus colegas —los herederos de Holanda y Dinamarca, Guillermo y Federico—, de una profesional. Como lo es Máxima Zorreguieta, economista, y Mary Donaldson, abogada. Las princesas hace ya tiempo que pasaron a ser un cuento. Por ello, la elección de don Felipe en este terreno aporta una dosis de modernidad de la que tan necesitadas están las monarquías, un sistema medieval que ha llegado hasta el siglo XXI y exige adecuarse a los nuevos tiempos y democratizarse. Frente a la intransigencia de la reina Margarita de Dinamarca, que a lo largo de tres años se había negado incluso a conocer a la mujer de quien su hijo y heredero se había enamorado —una prestigiosa abogada australiana, Mary Donaldson—, don Juan Carlos y doña Sofía han demostrado, desde el matrimonio de las infantas, que aceptan la voluntad de sus hijos en este terreno. Por otro lado, la monarquía holandesa, con esa mujer de hierro —la reina Beatriz—, aceptó también, como los reyes de España, que una profesional como la argentina Máxima Zorreguieta —una economista de prestigio internacional— fuera su heredera. Según fuentes de la Zarzuela, como periodista-presentadora de los informativos de TVE 1, Letizia Ortiz debe conocer perfectamente cómo comportarse en lo referente a su nueva situación en relación con el príncipe y la Casa Real.

Letizia Ortiz no es sólo la profesional deseada, sino algo todavía más importante: la primera española que se convertirá en reina de España después de tres extranjeras sucesivas: María Cristina, esposa que fue de Alfonso XII y que, como nuestros lectores saben muy bien, era austriaca; Victoria Eugenia de Battenberg, la esposa inglesa de Alfonso XIII, y la reina doña Sofía, griega de nacimiento. ¡Ya era hora de que

España tuviera una reina española! Sólo le deseo a Letizia que, desde el momento en que se convierta en princesa de Asturias, procure no defraudar a los españoles. Incluso a aquéllos que hoy no la aceptan o la aceptan con reservas por ser una mujer... divorciada; sin precedentes en la historia.

Este artículo, que no le debió gustar ni poco, ni mucho, ni nada a Letizia, supuso el comienzo de una difícil relación con este autor, como se podrá ver en adelante, ya que en su endiablado carácter no entran las críticas sobre su pasado ni las dudas sobre su futuro.

CAPÍTULO 10

Aquel niño llamado Felipe

Posiblemente por ser ya hijo de reyes, alto, rubio y con los ojos azules, Felipe se sintió, desde la más tierna infancia, diferente. Se sabía un niño mimado por la suerte, un «hijo de papá», un habitante de otro planeta. A ello colaboraron no solamente Pamela Wallace y Mónica Walls, sus *nurses*, sino también Mercedes Soriano Muñoz Vargas, quien, como gobernanta, vigilaba la vida del príncipe. Y, sobre todo, mamá, a quien no le importaba pregonar pública y ridículamente: «Estoy enamorada de mi hijo». Según una de sus profesoras, Isabel Benavente, al niño «no le gustaba la competencia directa y tenía mucho sentido del ridículo. Cuando se encontraba ante una dificultad, si no tenía la absoluta seguridad de superarla, prefería eludirla». Además de las asignaturas obligatorias, según el plan de estudios vigente en aquellos años, Felipe también recibió, aunque privadamente, clases de conversación, para la que no ha estado nunca muy dotado; de comportamiento en público, pues en realidad es muy tímido, y de lectura, ya que leía tan mal como su padre, el rey Juan Carlos. Gracias a Letizia, ha aprendido a leer. Incluso le han desaparecido, casi, los gallitos, debido al nerviosismo que le producía la lectura.

Todo esto, y mucho más, hacía que fuera no un niño distante, sino distinto. Por ello, no le fue fácil tener amigos. Los compañeros de clase, a pesar de su corta edad, debían intuir que a aquel otro niño era mejor dejarlo. O no molestarlo. Unas negativas comprensiblemente humanas. Porque humano es que un niño sufra al verse excluido por sus compañeros, tan crueles a esa tan temprana edad.

Además, cuando cumple quince años, ese niño tan guapo, tan alto y tan rubio, con los ojos azules, sufre un repentino ataque de timidez. Desde entonces, es casi imposible verlo sonreír. Hoy, también. Siempre parece estar enojado. En las fotografías tomadas entonces y ahora, es difícil encontrar una en la que aparezca sonriendo, salvo cuando mira a Leonor, su heredera. A Letizia, no tanto. Siempre la mira con una cierta agresividad.

CAPÍTULO 11

Cuando ella le dio una lección a Felipe

Pienso que a Felipe le falta tener la empatía de la que carece por todo lo anteriormente expuesto. Esto se puso de manifiesto un 12 de octubre de 2019, en el madrileño paseo de la Castellana, en el que Letizia le dio una auténtica lección de humanidad. No me duelen prendas reconocerlo. Es de justicia. Aunque su amabilidad jamás es fingida, ella puede cambiar en un segundo si alguien o algo le disgusta. La sonrisa expansiva y espontánea que puede, maliciosamente, brillar sobre su restaurado y retocado rostro es tan cálida como gélida su desaparición repentina cuando menos se espera. Pero también goza de una empatía que aparece de repente. Se trata de una mujer tercamente decidida a cumplir su deber cual si fuera la titular de la Corona. Lo demostró cuando se acercó al paracaidista Luis Fernando Pozo, que había tenido la tremenda desgracia de estamparse contra una farola cuando pretendía entregar la bandera de España en el tradicional desfile del Día de las Fuerzas Armadas. Letizia, al descender de la tribuna para marcharse, no sólo se detuvo, sino que, con gestos muy cariñosos, tomó sus manos e intentó consolarlo. La emoción en el rostro del paracaidista era visible. Felipe, que había pasado de largo ante él, reconoció su error, reaccionando para volver sobre sus pasos, consciente del fallo que había cometido. Posiblemente, Letizia le hizo reconocer la falta de cordialidad y, modestamente, rectificó. En ese momento se pudo conocer la virtud de Felipe, asumiendo su error. Máxime cuando todo el mundo, desde la ministra de Defensa a los generales, abrazó al muchacho. ¡Un diez para Letizia y cero patatero para Felipe!

CAPÍTULO 12

Primer encontronazo público

Todo lo anteriormente expuesto sobre la diferencia de carácter de cada uno de los futuros cónyuges se puso de manifiesto el 6 de noviembre de 2003, en el Palacio de El Pardo, con motivo de la presentación a la prensa y pedida de mano de Letizia. Felipe tiene treinta y cinco años; ella, treinta y uno. Asisten junto con los reyes Juan Carlos y Sofía, diecinueve Borbones y siete Ortiz Rocasolano («las fieras republicanas de la revolucionaria Asturias», según David, el primo); en total, veintiocho personalidades, incluidos los novios, y trescientos periodistas acreditados.

Ante ellos se produjo el primer encontronazo de Letizia con Felipe. Ese día, precisamente el de su presentación al mundo, quiso dejar bien claro quién era y cómo era. Sucedió cuando ella estaba hablando sobre su futuro… «Está claro que, a partir de ahora y de forma progresiva, voy a integrarme y dedicarme en esta nueva vida con las responsabilidades que conlleva y con el apoyo y cariño de…». En ese momento, Felipe, sin el menor respeto ni consideración, la interrumpió para intervenir él. Pero Letizia no se achantó, cortándolo bruscamente para decirle tajantemente y con todo derecho: «¡¡¡Déjame terminar...!!!». Ello, ante la indignación de la prensa cortesana, que se preguntaba cómo se había atrevido a dirigirse así al príncipe. Mal empezamos. La opinión pública de esta España también se hizo eco, enfurecida por el gesto de Letizia. Sobre todo, los monárquicos, que tan mal la recibieron.

Confieso humildemente que fui de los pocos periodistas o quizá el único español que la defendió, reconociendo su derecho a que se le respetara su turno de palabra. Ese día demostró su genio y su carácter *urbi et orbi*. Me gustó. Aunque creo que fui la primera víctima que se sepa de su maquiavélica idiosincrasia.

A pesar de que llevo ejerciendo la profesión de periodista desde hace más de setenta años, reconozco que no conocía a Letizia ni de oídas, aunque el día que se anunció su compromiso creí recordarla al coincidir con ella en las puertas del hotel Reconquista de Oviedo, como ya he comentado anteriormente, con motivo de la entrega de los Premios Príncipe de Asturias. De aquella jornada existe un testimonio gráfico de la primera fotografía de ella con Felipe y con José Antonio Sánchez, entonces director de TVE. Pero en ese momento lo cierto es que ni me fijé en ella. Días después se produciría el anuncio oficial del compromiso.

CAPÍTULO 13

Su violento ataque a mi persona

Pero la primera vez que nos vimos, que coincidimos, en mala hora, fue el 11 de mayo de 2004, en el ayuntamiento del Madrid de Ruiz Gallardón, con motivo de la entrega de la Medalla de Honor de la ciudad de Madrid al príncipe Felipe, ceremonia a la que yo estaba invitado como periodista. A su llegada debió verme, porque la oí decir a Felipe, señalándome: «Mira, allí está Jaime Peñafiel». Lo que yo no pensaba era que, poco después, y cuando el solemne acto estaba terminando, volvieron a cruzarse nuestras miradas, y en esta ocasión se vino hacia mí visiblemente enfadada. De lo que ocurrió después fue testigo el propio alcalde, junto a quien me encontraba cuando se acercó Letizia. También, el compañero José Apezarena, que cuenta el incidente en su libro *Felipe y Letizia. La conquista del trono* (La Esfera de los Libros, 2014), aunque omite que, al verla dirigirse a mi posición, le dije: «No me señales con el dedo». Tampoco que, en otro momento de aquel encuentro-desencuentro, le pidiera que no me chillase. De ello, en cambio, sí hizo mención el periódico *El Mundo* el 11 de mayo de 2004.

—Mírame a los ojos, ¿tú crees que estoy triste? —me preguntó ella con gesto violentamente indignado.

—Yo no he dicho nunca que estés triste. Eres la única mujer del mundo que duerme con el príncipe de sus sueños...

Como no cedía en su violenta actitud hacia mi persona, dirigiéndome miradas incendiarias, yo, intentando mantener toda la tranquilidad que podía en ese momento tan violento, rodeado de personalidades y con el príncipe Felipe a nuestro lado, le dije:

—Si me permites, te voy a recordar un poema de Gutiérrez de Cetina que dice: «Ojos claros, dulces y serenos, ya que así me miráis, miradme al menos...».

—Yo no estoy airada... —me gritó, interrumpiéndome bastante excitada.

—Pero estás enfadada —le respondí con toda la tranquilidad que pude.

—Tampoco estoy enfadada...

—Pero me estás regañando...

—Eso no es cierto. Tampoco que lleve, como tú dices, tacones con más de ocho centímetros para compensar la diferencia con la estatura del príncipe. Como ves, no son para tanto —dijo, levantando la pierna para mostrármelos...

Y estrechando con sus dos manos mi mano derecha, me dijo:

—Sería bueno que nos viéramos más...

Así finalizaba la crónica sobre aquel desagradable incidente, recogido al día siguiente también en mi propio periódico.

CAPÍTULO 14

«*Hace diez años que no nos vemos*»

Diez años después, exactamente el 22 de octubre de 2014, volví a coincidir con Letizia en una cena de gala en el hotel Palace de Madrid a la que, como parte importante de la redacción de *El Mundo*, estaba invitado.

Terminada la cena, que contó con la presencia de varios ministros, me dispuse a marcharme, pero, al cruzar uno de los salones de salida, me encontré con un grupo de compañeros del periódico rodeando a alguien que yo no distinguía. Al verme, se abrieron en abanico, y me encontré frente a frente con Letizia. Como soy educado, me acerqué a saludarla, tendiéndole la mano. Pero cuál fue mi sorpresa al advertir que no me correspondía. Me dije a mí mismo: «Si cuento hasta cinco y no me saluda, le diré: "Letizia, eres una grosera, una maleducada"». Afortunadamente, y a pesar de mi edad, no padezco del menor síntoma de Parkinson. El brazo lo mantuve firme. Y cuando mentalmente llegué a cuatro, ella extendió su brazo para corresponder al saludo. Recordando lo que me dijo cuando nos despedimos en el ayuntamiento tras el incidente: «Tenemos que vernos más», cogiéndole la mano, la atraje hacia mí y, acercando mi boca a su oído, le dije sonriendo: «Hace diez años que no nos vemos». Soltó su mano, me miró con esa mirada fría que sabe utilizar y, dando media vuelta, se marchó sin decir ni adiós.

Esa mirada a la que me refiero ya la advirtió mi querido amigo y compañero ya fallecido José Luis Gutiérrez, durante los últimos Premios Príncipe de Asturias a los que yo asistí, en 2004, antes de que Letizia vetara mi nombre de entre los periodistas invitados. Me encontraba en uno de los pasillos del hotel Reconquista de Oviedo cuando ella pasó tan cerca, tan cerca que el compañero destacó: «¡Vaya mirada asesina que te ha dirigido!». Después de ese día, no hubo más.

Yo había asistido ininterrumpidamente a los Premios Príncipe de Asturias como invitado desde su fundación en el año 1981. Letizia cubrió dichos premios como periodista en el 2003. En el 2004, ya acudió como princesa consorte de Asturias, tras su boda con Felipe el 22 de mayo de aquel año. Y de ahí en adelante, el veto a mi persona. Sin comentarios.

CAPÍTULO 15

Jaime del Burgo: un hombre importante en su vida

Este ilustre abogado se fue de España hace más de veinte años, alegando sobre ello lo siguiente:

> Fue la mejor decisión que tomé en mi vida, escapar de una sociedad cainita sin igual. El terrorismo dejó una huella profunda en mi infancia, adolescencia y primera juventud. Esta decisión me procuró una mente fuerte y un carácter inquebrantable. Quizás por ello nunca me he visto afectado por las calumnias que se han dicho de mí con el empeño de convertir a este testigo de la vida de algunos en un ser no creíble.

El 19 de junio de 2014, el año de la abdicación de Juan Carlos, Jaime del Burgo ya vivía en Nueva York.

> Días antes de que el rey abdicara, intenté evitar la ceremonia mediante una conversación que mantuve con el jefe de la Casa. La información que le transmití sé que

nunca llegó a oídos del interesado; al contrario, fue usada para propiciar su renuncia. Quizás algún día me plantee hacer una tesis doctoral en derecho sobre el vicio en el consentimiento y aquella abdicación histórica.

«Compórtate», me dije a mí mismo. ¿Frente a la injusticia? ¿Convertirme en un Sancho glotón y perverso? ¡Nunca! Las guerras intestinas en una familia son una cosa, pero ensañarse con un anciano indefenso es otra.

¿Desterrado a morir en tierra de moros? ¿Por qué? Morir lejos de casa es de lo peor que a uno pueda pasarle.

Esta es una reflexión que se hizo el propio Jaime del Burgo. Y continúa diciendo:

El día que el CNI desvalijó mi casa de Genthod, a las afueras de Ginebra, en el número 9 de la *rue* de Village, buscando lo que siempre estuvo y sigue custodiado en una caja fuerte de una institución financiera con la orden expresa de ser entregado al defensor de mi memoria en caso de muerte accidental o prematura, ese día, digo, también me comporté a la vista de toda mi intimidad vilipendiada.

No tengo intereses en España. Ni siquiera una cuenta corriente. Hablo una lengua que no es la materna. Practico una religión que no es la católica. He trabajado en treinta y seis países y generado miles de puestos de trabajo. Mis amigos son gente extranjera. Mi patria, el mundo. Mi mujer y mis hijas son suecas. Me doctoré en Derecho y trabajo con computadores cuánticos.

Los años que me queden, los viviré entre Londres y Carmel, en California, las raíces que he decidido darles a mis hijas. Mis memorias, que comencé a escribir cuando tuve conocimiento de que, más temprano que tarde, perderé mis recuerdos, serán las memorias de un donnadie que cambió el dictado de su destino natural —el de ser abogado en la Universidad de Navarra— para terminar siendo un vagamundo universal al que le han pasado muchas cosas; algunas, extraordinarias, como mi romance con Letizia, una mujer al borde del colapso; pero, en esta ocasión, además, humillada y maltratada. La mafia institucional no sabía de un amor que nació en Venecia antes del año 2000. A veces, lo que para uno es simple anécdota del devenir de la vida amorosa, para otros resulta ser una amenaza para el sistema.

«¡Compórtate y no hundas al Estado!», me dije socarrón el otro día. ¿Cómo pudiera, si es España, ella sola, la que se descompone a través de los siglos? Nunca una sociedad ha buscado tan adrede su propia ruina.

Hoy le he pedido a Letizia que colabore para que el rey pueda morir en su casa y en su patria. Los elefantes viejos regresan al lugar donde nacieron. Aunque Juan Carlos nació en Roma, por accidente, su casa es España. Es lo que haré yo también. Un día marcharé desde donde esté y regresaré a Pamplona. He tenido una vida intensa, he hecho muchas cosas fuera de España de las que nadie sabe, y para mí es importante que mis hijas puedan defender mi honor con la verdad el día que falte.

Hay un rey puesto por el BOE. Y hay otro que vive a cuarenta grados a la sombra y que, en mi modesta opinión, lo sigue siendo, según mi interpretación del derecho y de las leyes de la razón natural aplicadas a las circunstancias del caso.

CAPÍTULO 16

El mediador

Antes de entrar de lleno en la apasionada y apasionante historia sentimental de Letizia Ortiz Rocasolano, cuyos principios no fueron precisamente fáciles, me gustaría que el lector tuviera presente a Jaime del Burgo Azpiroz, que aparece así, como el que no quiere la cosa, cuando se redactaron las capitulaciones matrimoniales antes de la boda con el entonces príncipe de Asturias, en la que fue testigo por parte de la novia.

Aunque desde el primer momento quedó claro que lo de Felipe y Letizia era un matrimonio por amor, había que dejar todo muy atado ante un posible divorcio, mediante las capitulaciones. Pero había un tema que Letizia se negaba a firmar tal y como estaba redactado por los asesores de Zarzuela: lo referente a los hijos en caso de separación. «Si te separas, a ti tienen que tratarte mejor que a Lady Di», le dijo Jaime del Burgo. Era una imposición del rey Juan Carlos, y su palabra era ley, aunque fuera en contra de la ley. Fue Jaime quien aconsejó a Letizia que no las firmara de la manera en que habían sido escritas, alegando que se arriesgaba a que pudieran tratarla como a Diana de Gales. Zarzuela advirtió a Jaime del Burgo que había que firmar tal y como aparecían en el documento, sin quitar ni añadir nada. Sobre esto, comenta Jaime del Burgo: «Llamé a Felipe, un hombre de buen corazón. A él tampoco le gustaban aquellas capitulaciones».

Jaime del Burgo me informó en su día que, actuando él como testigo, «Felipe prometió a Letizia que, en caso de que el matrimonio no llegara a buen término, cuidaría de ella y respetaría sus derechos como madre si para entonces tenían descendencia». «Lo juro», fueron las palabras del príncipe.

Esta inquietante revelación demuestra que llegar a la boda no fue tan fácil. Según me informó Jaime, hubo algo más:

> Más tarde vendría la segunda promesa, todavía y siempre en vigor, la mía propia hacia Letizia. Consistente en que, en caso de no cumplir Felipe, lo haría yo por él en cuanto al cuidado de su bienestar y la protección de su persona. Y que impugnaríamos, si llegaban a darse las circunstancias, los términos de la regulación de la custodia.

¡Muy fuerte, querido tocayo, muy fuerte!

Ahora entendí por qué Jaime del Burgo aceptó ser testigo de aquella boda que… ¡podía haber sido la suya!

Letizia acabó firmando las capitulaciones tal cual habían sido redactadas por los abogados de la Casa Real, porque, como dijo ella, «aquí estamos a lo que estamos, esto no es un rollo de amor», consciente de que hacía el negocio de su vida. Supongo que las mencionadas capitulaciones deben estar en alguna caja de seguridad.

CAPÍTULO 17

Con el anillo de pedida en el bolsillo

Por todo y mucho más que intentaré ir desvelando a lo largo de las páginas de este libro, el lector entenderá lo que Jaime del Burgo supuso en la vida de Letizia.

Mi relación con ella se puede resumir en cuatro etapas. La primera, antes de que Letizia conociera a Felipe. […] Nos veíamos en el Santo Mauro, donde yo vivía entonces. También en el Juan Carlos I de Barcelona, e incluso en el hotel Danieli de Venecia… Nos buscábamos como una solución alternativa que casi llegó a funcionar.

La relación era tan seria, tan significativa, sobre todo para Jaime, que «la última etapa de esta aventura finalizó con una cena en el jardín del hotel Ritz de Madrid». Aquella cena era muy importante, al menos para él, hasta el extremo de que «llevaba un anillo de pedida de matrimonio en el bolsillo», me confiesa entristecido Jaime.

Pero Letizia le dijo algo que no esperaba, demostrando que llevaba una vida paralela que Jaime ignoraba. «Me dijo que acababa de conocer a alguien que le obligaría a dejar su profesión [de periodista]».

Aunque ella no le dijo en ese primer momento su identidad («solo que era diplomático»), Jaime no me explica por qué dedujo de quién se trataba: «Estás con Felipe de Borbón». «Fui el primero en saberlo, con el anillo de compromiso en el bolsillo de mi americana». ¡Vaya trago!

Esa noche hicieron un pacto: transformar la relación amorosa que entonces mantenían en amistad. Y Jaime se permitió darle un consejo: «No anunciéis el noviazgo, sino la boda».

Llevaba razón. Lo escriben Ángela Portero y Paloma García-Pelayo en su libro *Tú serás mi reina*:

> Doña Letizia y don Felipe reconocerían en su primer encuentro público que la decisión de contraer matrimonio se aceleró a raíz de las especulaciones en torno a su amistad… Felipe no iba a permitir que su novia fuera objeto de comentarios, rumores y chismes.

Jaime del Burgo reconoce que

> […] cuando se anunció el compromiso, la primera llamada que recibí fue la de Pedro J., junto con la de Juan Villalonga, ex de Telefónica, que entonces era mi socio. Fue una llamada a tres. Pedro J. iba a publicar un titular tremendo, y le dije que moderara la información, aunque no le hablé de nuestra relación [Juan la conocía; Pedro J., no…, no entonces]. Sólo le dije que la conocía bien y le hablé de su valía como periodista.

CAPÍTULO 18

Cuando conoce a Felipe, está embarazada... de otro

No es el primer personaje, incluso con categoría de jefe del Estado de un país asiático, que se enamora de una presentadora viéndola por televisión, como ya hemos comentado. Tal le sucedió a Felipe (así de frívola es la historia). Lo supo la reina doña Sofía, con esa intuición femenina, cuando advirtió que todos los días, a la hora de las noticias, Felipe se levantaba de la mesa para ver los informativos de TVE.

—Me gustaría casarme con ella.

—¿Casarte? —reaccionó sorprendida su madre—. ¡Si eso es para toda la vida, hijo mío!

—Eso es lo que quiero, que sea para toda la vida.

La reina se quedó sin palabras y sólo tuvo fuerzas para decirle:

—¡Piénsatelo, hijo, piénsatelo bien!

No he encontrado información digna de crédito de cómo se organizó ni quién o quiénes lo hicieron para que Felipe pudiera encontrarse con la mujer de la que se había enamorado viéndola por la tele. Cierto es que Pedro Erquicia, ya fallecido, era el responsable de los informativos que Letizia presentaba. A él le cupo poner, si no la cama, sí el mantel de una cena para una cita a ciegas en su casa, el 17 de octubre de 2002. Evidentemente, no se trató de una cena para dos. A la mesa, tantos como dieciséis invitados. Lógicamente, el anfitrión pidió a Letizia, su colaboradora, que se sentara junto al príncipe. Claro. La cena estaba organizada para que Felipe conociera a la chica de la que se había enamorado. Especular de qué hablaron es gratuito, pero de lo que no me cabe la menor duda es de que Letizia advirtió lo enamorado que estaba de ella, cuya vida sentimental era más que complicada, complicadísima. Se encontraba divorciada de su primer marido, Alonso Guerrero; tenía un *affaire* con Jaime del Burgo, y ¿en crisis con su novio David Tejera, de quien presuntamente estaba embarazada? Rotundamente, no. El mismo David confesó que se enteró de lo de Letizia y el príncipe por los periódicos: «La verdad es mucho más turbia y terrible de lo que imagináis. Pero mucho más. Tan evidente que asusta». Según Marta Bolonio, David se entera cuando, el 31 de octubre de 2003, Rafa Manzano anuncia en la Cadena SER que don Felipe sale con una presentadora de TVE y que Casa Real lo hará oficial muy pronto.

Como así sucedió veinticuatro horas más tarde. En ese momento, justo en ese, David Tejera se entera de que su novia es la prometida del príncipe. ¡Vamos!, que le había puesto los cuernos.

En mi libro *Los 80 años de Sofía* (Penguin Random House, 2018), en la página 113, escribo:

Lo grave de esta historia es que, cuando conoció a Felipe, el 17 de octubre de 2002, durante una cena en la casa de Pedro Erquicia (fallecido el 20 de abril de 2019), Letizia no sólo tenía novio, el periodista David Tejera, sino que estaba embarazada de éste. Pero, cuando vio ella, aquella misma noche, el interés del príncipe hacia su persona, decidió interrumpir el embarazo diez días después, en la clínica Dator de Madrid, el 27 de octubre de 2002. Fuentes de todo crédito me informaron de que se trataba de la segunda vez que recurría a un aborto. La primera, cuando sólo tenía… diecinueve años. («Es una cosa que a mí me dijo. Y no creo que sea una cosa en la que iba a mentir», Jin Russo). Con lo que llevaba en su seno, casarse con el heredero era imposible. Pero podía solucionarse. Y el 27, sólo diez días después de conocer a Felipe, acudió a la clínica Dator de Madrid, donde abortó sin que el padre de la criatura se enterase incluso del embarazo.

Cuando Felipe se compromete con Letizia, desconoce lo del aborto. Pero, cuando la boda se aproxima, en un gesto de «honestidad» (escribía yo), Letizia le confiesa el asunto. Y lo más grave es que, el hoy rey, estaba de acuerdo con ella en que había que borrar todo rastro del aborto. «Si esto lo sabe mi madre, la boda es inviable», le confiesa a Letizia y al primo de ésta, David Rocasolano, a quien ella le encarga que se haga con el expediente que sobre su aborto debe estar en la clínica. Se corría el riesgo de que el día que se anunciara la boda «algún trabajador de la clínica pueda caer en la tentación de robar el expediente y venderlo. Una bomba que puede llevarse por delante la boda real».

Esta, digamos, anécdota demuestra la irresponsabilidad y desvergüenza tanto de Letizia como de Felipe.

Algo muy importante se rompió en la opinión de Sofía sobre la nuera al saberlo en abril de 2013, cuando David Rocasolano, primo de la consorte real, lo publica en su libro *Adiós, princesa* (Foca, 2013).

CAPÍTULO 19

Operación Silencio

En vísperas de la boda, escribí una carta abierta a Felipe, que se publicó en el periódico *El Mundo*, donde trabajo desde hace más de veinte años:

Señor:

La sorpresa, tras el anuncio oficial como hecho consumado, del compromiso me dejó al borde del infarto… Me gustaría que los hechos de su vida no formaran parte de mi preocupación. Pero, como ha escrito el británico Roy Hattersley, «la fe en la sucesión hereditaria hace que los reyes y su familia sean de propiedad pública». De todos modos, señor, espero que para la boda yo esté ya en condiciones de sumarme al coro de periodistas babosos y cortesanos que han surgido en los últimos días… Ignoro si éramos muchas o pocas las personas que conocíamos la noticia. Le confieso, estimado Felipe, que hace un mes (a mediados de octubre de 2003) un personaje, que le sorprenderá saber, me hizo llegar la noticia de que usted mantenía relaciones con «una española» (no me desveló el nombre), profesional (no me dijo de qué) y divorciada (desconocía de quién). A pesar de la categoría de mi informador, ¡ay, si usted lo supiera!, no sólo no le concedí la menor credibilidad, sino que consideré su información absurda, ridícula y descabellada... A los siete días, insistió... Y una semana antes de estallar la bomba informativa, anticipé a Teresa Campos, directora-presentadora del programa *Día a Día* de Telecinco, en el que colaboro habitualmente, «que estaba investigando una información sobre el príncipe». Pero seguía sin creerlo. De haber creído lo que mi informador, más conocido suyo que mío, me decía, no hubiera sido yo quien abriera ese melón para exponerlo a un debate mediático.

Como escribían mis compañeras Ángela Portero y Paloma García-Pelayo en su libro *Tú serás mi reina*:

> Antes de que la mayoría de la población supiera que tenía treinta y un años y un divorcio a sus espaldas, la posibilidad de que la periodista fuera la novia del heredero de la Corona habría sido desechada e inapropiada por los propios colegas de la profesión.
>
> Nos enteraremos todos por un comunicado oficial. Que se olviden los *paparazzis* de los tiempos en que era posible hacer una foto del príncipe con su novia y se anunciara en ese momento la boda.

Como así fue.

Ante la preocupación de la Casa Real por lo que se podía decir o escribir sobre los detalles más escabrosos de la vida íntima de Letizia, Zarzuela hizo llegar a los directores y colaboradores de todos los programas el siguiente ridículo comunicado: «La chica es estupenda, muy guapa e inteligente, una compañera respetada, y el hecho de que esté divorciada no tiene la menor importancia. No olvidéis que estáis hablando de la futura reina de España».

Se olvidaron añadir que lo del aborto tampoco tenía la menor importancia. «Son cosas que pasan», podría haber dicho Zarzuela, como en su día dijo el hijo de Cristina y Urdangarin con relación a la separación de sus padres.

La censura impuesta sobre el tema recordaba los peores años de la dictadura, hasta el extremo de que medio centenar de telefonistas de diferentes centros de trabajo de España fueron sancionados con once días de suspensión de empleo y sueldo por curiosear datos personales de Letizia Ortiz. En la «operación Silencio», impuesta a todos los medios e incluso a los *paparazzis*, a los que se les impidió desempeñar su trabajo, participó hasta la propia Letizia con llamadas telefónicas a todos los hombres que habían compartido su vida.

¡Una vergüenza!

CAPÍTULO 20

Leal, pero no cortesano

Estimada Letizia:

Al igual que en mi anterior carta a Felipe (domingo, 16 de noviembre de 2003) le pedía disculpas por omitir el tratamiento por aquello de haber tenido el valor de igualar a la monarquía por abajo, donde todos somos iguales al nacer, pero de esa igualdad tenemos que partir para ser desiguales, me vas a permitir que deje el «doña» para el día que te cases y admitas que te tutee por aquello de tener ambos la misma profesión.

En una viñeta de los geniales Idígoras y Pachi, aparecida en el *Magazine* de *El Mundo* en su humorística visión del año 2003, al referirse al tradicional mensaje de Navidad de don Juan Carlos, colocan, en boca del rey, el siguiente bocadillo: «Con la boda de mi hijo hemos ganado una hija, pero hemos perdido a Jaime Peñafiel».

Tú sabes muy bien que la inspiración que alimenta el trabajo de los humoristas de la prensa es la actualidad, como eco de lo que se dice y se comenta. Me preocuparía que, con mis comentarios y mi posición, a propósito del compromiso matrimonial de don Felipe, se llegara a la conclusión real, en todos los sentidos, que, con humor, han recogido mis admirados compañeros. No me gustaría que fuera así.

Tengo que decirte, estimada excompañera, que siempre he sido un hombre leal y no cortesano en un país que lo es. ¿Es necesario que te diga cuál es la diferencia? Lo repito una vez más. Mientras el hombre leal dice al rey, a la reina, al príncipe e incluso a su prometida lo que cree que, respetuosamente, tiene que decir, el cortesano sólo habla de lo que cree que al rey, a la reina, al príncipe y a su prometida os gustaría oír. Pienso, a lo peor ingenuamente, que tú prefieres la lealtad.

Reconozco que, con el sorprendente anuncio de la boda, me ha sucedido lo que con las sentencias judiciales, las acato, ¡faltaba más!, aunque no las comparta. ¿Cómo no voy a aceptar yo, un pobre periodista, lo que el príncipe ha elegido libremente y los reyes, más o menos, bendecido? Lo que nadie —del rey abajo, ninguno— puede impedir es que opine y reflexione sobre un acontecimiento tan trascendental, no sólo para la monarquía, sino para la vida española, como es el matrimonio del heredero con una joven llamada a ser un día madre del futuro rey o futura reina, consorte ella, como sucesora de doña Sofía, una mujer que, problemas personales míos aparte, ha colocado el listón de la dignidad real tan alto, tan alto que será pero que muy difícil igualar. Aunque, si quieres saber sobre ella, como reina, sobre lo que piensa o pensaba don Juan Carlos, léete los libros *El Rey*, de José Luis de Vilallonga, y *La Reina*, de Pilar Urbano. Pero, después del anuncio del compromiso, ese ejemplo parece que ya no vale. Cualquier joven puede ser reina de España, y eso, estimada Letizia, me es muy difícil aceptar. Te lo dice uno que, como tú, no es monárquico. Pero sí leal.

Llevo toda mi vida sirviendo, como periodista, a la institución. Así me lo han reconocido todos los jefes de la Casa de Su Majestad, empezando por el desaparecido marqués de Mondéjar; el querido, respetado e inolvidable general Sabino Fernández Campo, y mi paisano Fernando Almansa; sin olvidar a José Joaquín Puig de la Bellacasa, secretario general que fue de la Casa.

Yo ya soy mayor de edad. Y, como le escribí en la carta a don Felipe, carezco de la facilidad de cambio sobre la marcha, como han hecho algunos monárquicos de corazón. Pero ¿cómo voy a olvidar lo que el conde de Barcelona, abuelo paterno de tu prometido, pensaba a propósito del futuro sentimental de su nieto? Estos razonamientos y observaciones fueron recogidos por Alfonso Ussía en un magistral artículo publicado en *ABC*, con el título: «El príncipe no es libre». (¡Qué ingenuidad, porque tampoco es eso!). El inolvidable don Juan (que algunos ya han olvidado o prefieren no recordar) decía: «El príncipe sabe que no puede ser libre para elegir a su futura esposa porque ésta será la reina de España. Su libertad de elección está limitada. El príncipe se casará con quien tenga que casarse. Lo tiene muy claro y lo hará por encima de cualquier inclinación eventual. No concibo que se puede poner en peligro o desmoronar todo lo conseguido por una elección irreflexiva y contraproducente. Para ser reina hay que casarse con un rey o un futuro rey, y para eso hay que prepararse desde niña. Un español siempre encuentra un argumento para justificar un error personal del rey. Pero es mucho menos generoso con los tropiezos o el pasado de la consorte. Los españoles que no creen en la monarquía son igual de exigentes, o más aun, que los monárquicos con determinadas cuestiones».

Todas estas reflexiones, estimada Letizia, las hacía don Juan. A propósito del noviazgo que tu prometido mantenía entonces con Isabel Sartorius, una relación que no pudo ser porque ella era hija de… divorciados.

«Los que animan al príncipe a tener una relación con esa chica tan simpática la destrozarán en su primer fallo, y lo normal y lógico es que falle, porque no está educada ni preparada para ser reina». Cierto es que Isabel ha demostrado que tampoco era la mujer adecuada. A lo peor, todos tuvimos un poco de culpa en que haya perdido el oremus porque, cada vez que habla, pensamos que mejor estaría callada.

Sobre el pasado de la prometida del príncipe, don Juan lo tenía muy claro: una reina no puede tenerlo porque ese pasado siempre es presente. [Tal parece que hablaba sobre Letizia, a la que no llegó a conocer].

Eduardo Haro Tecglen, en su columna en *El País* del 8 de diciembre de 2003, al referirse a ti, estimada Letizia, lo hacía en estos términos: «La nueva persona real es una proletaria y viene de la nada, o peor, del periodismo». Y lleva razón. Yo que tú, de quien menos me fiaría es de la profesión que conoces muy bien por haberla ejercido, una profesión tan poco corporativista y cainita ella. ¡Si supieras cuántos excompañeros dicen de ti lo contrario de lo que escriben! Pena me está dando estos días Ángela Rodicio, la excelente corresponsal de Televisión Española en Oriente Medio, una de esas pocas periodistas que, a juicio de tu exjefe Urdaci y refiriéndose a ti, surgen cada quince años. Sus propios compañeros la están crucificando por unos gastos injustificados, injustificables o mal justificados, un problema que, como recordaba el querido compañero y amigo Manolo Martín Ferrand, en su columna del lunes 29 de diciembre de 2003 en *ABC*, «está en la historia del periodismo». Tú, que has sido enviada especial, sabes lo difícil que es, a veces, rendir cuentas y explicar al gerente en qué se han ido los dineros. Tampoco te puedes fiar de los que te reverencian. Mucho menos si son de la nobleza. Algunos a los que sorprendiste apareciendo, sin previo aviso, en la audiencia de los reyes a la Diputación de la Grandeza el pasado 22 y que te reverenciaron con respetuosos abrazos, e incluso hubo una dama que se arrodilló ante ti, me echaron el teléfono para decirme: «Si lo llegamos a saber, no hubiéramos ido». ¡Hay que ver todo lo que está haciendo tu futuro suegro, que más que rey parece un bombero apagando los fuegos que se prendieron el 1 de noviembre!… Jamás se había visto obligado a borbonear tanto. Según Isabel San Sebastián, tuvo que telefonear al presidente Fox para que impidiera que la prensa buceara sobre tu pasado mexicano en Guadalajara, que debió ser apasionante para ti y para Luis Miguel, no así para Adriana, la esposa cornuda y abandonada. Desearía que, por observar tus actos con lupa, analizarlos y disentir de ellos, no me consideres, como hace la compañera de *El País* Elvira Lindo, clasista, reaccionario, aristócrata integrista, incongruente, misógino, charlatán e implacable. Prefiero ser leal y honesto que escribir, como ha hecho la «progre» de nuestra compañera, que tu vida «no es una vida fácil, rodeada de servicio, sin libertad para hacer de tu capa un sayo y teniendo como única propiedad personal unos cuarenta libros que te llevaste para sentirte en casa».

Tampoco es eso. Pienso que así me gustaría creerlo, que eres una de las mujeres más felices de España y con los mayores privilegios, aunque con lógica preocupación de quien es consciente de que el próximo día 6 comienza la cuenta atrás, imparable, hacia el 22 de mayo en el que te convertirás en princesa de Asturias, antesala para ser, en un futuro, ¡larga vida a Su Majestad!, la consorte del rey. Intenta ser, si no como doña

Sofía, al menos lo más parecida. Una profesional (don Juan Carlos *dixit*). «No me gusta el término (a doña Sofía, tampoco), pero una reina tiene que serlo», dijo el conde de Barcelona. No olvides, estimada Letizia, que la razón de ser de la monarquía es que sus miembros sean ejemplares. O, al menos, que lo parezcan. Y un deseo: ten presente las palabras de Jesús Aguirre, el polémico duque consorte de Alba, e intenta que se hagan realidad en ti, pero aceptando que a muchos no les gustes pero que, si te lo propones como él, a lo mejor acabarás gustando. Por tu bien y, sobre todo, por el bien de la monarquía. Acepta esta carta como mi regalo de Reyes. Felicidades.

Jaime Peñafiel

CAPÍTULO 21

Diez reyes, diez reinas, veinte príncipes y princesas en la boda de la nieta del taxista

He asistido a más de cincuenta bodas reales y principescas, y ninguna como la de Felipe y Letizia congregó a tal cantidad de reyes, reinas, príncipes y princesas. La presencia de algunos, como la del príncipe Carlos de Inglaterra o la de Naruhito de Japón, tan poco habituales en estos eventos, sorprendió.

Si observamos la llamada «foto de familia», en la que jefes de Estado, jefes y miembros de Casas Reales y familiares (un total de ciento cuarenta invitados) posaron, después de la ceremonia de la boda y antes del almuerzo en el Salón de Columnas del Palacio Real, veremos, entre todos ellos, a las infantas Elena y Cristina, entonces felizmente casadas con Jaime de Marichalar e Iñaki Urdangarin; a la reina Paola y al rey Alberto de los belgas; a la reina Silvia y al rey Carlos Gustavo de Suecia; al príncipe Hans Adams de Liechtenstein; a la reina Margarita de Dinamarca y su esposo, el príncipe Henrik; al rey Harald y la reina Sonia de Noruega; a la reina Noor de Jordania; a los grandes duques Enrique y María Teresa de Luxemburgo; a la emperatriz Farah Pahlavi; a la reina Fabiola de Bélgica; a la infanta Alicia, madre del infante don Carlos; al príncipe Salman bin Abdulaziz Al Saud de Arabia; a los príncipes Pablo y Marie Chantal de Grecia; al príncipe Muley Rachid de Marruecos; a los príncipes Haakon y Mette Marit de Noruega; al príncipe Franz de Baviera; a la princesa Victoria de Suecia; al príncipe Naruhito de Japón; a la princesa Ana de Francia; al rey Constantino de Grecia; a la reina Ana María de Grecia; al príncipe George Friedrich de Prusia; al príncipe Aloys Konnstantin de Lowenstin Rosenberg; a la princesa Anastasia de Prusia; a los príncipes Guillermo y Máxima de Holanda; a los príncipes Víctor Manuel y Marina de Saboya; a los emperadores Sha Reza II y Yasmine de Irán; al príncipe Carlos de Inglaterra; al príncipe Ernesto de Hannover; a la princesa Carolina de Mónaco; al príncipe soberano Alberto de Mónaco; a los príncipes Felipe y Matilde de Bélgica; al príncipe Aga Khan y la Begum Inaara; a la infanta Pilar; a los duques de Soria; a la princesa Mirian de Bulgaria; al príncipe Kardan de Bulgaria; a la princesa Muna de Jordania; al gran duque heredero Guillermo de Luxemburgo; al rey Miguel de Rumania; a la reina Rania de Jordania y al príncipe gran maestre de la Soberana Orden Militar de Malta, Frey Andrew Bertie. Y, por supuesto, a la duquesa de Alba, que se hizo acompañar por su hijo Alfonso y Esther Koplowitz, entonces casada con Fernando Falcó, marqués de Cubas; amén del presidente de la República Checa, Václav Havel; la primera dama de Perú, Eliane

Karp de Toledo; el presidente de Alemania, Johannes Rau y esposa; el de El Salvador, Francisco Flores; la primera dama de Francia, Bernadette Chirac; el presidente de Nicaragua, Enrique Bolaños; el de Colombia, Álvaro Uribe; el de Kazajistán, Nazarbáyev, y su hija Aliya; el de Ecuador, Lucio Gutiérrez; Jorge Sampaio, de Portugal, y su esposa, María José Ritta; Nelson Mandela y su esposa, Graca Machel, entre otros.

En esta foto de familia también estaban, por supuesto, los padres de Letizia, Jesús Ortiz y Paloma Rocasolano, que, aunque ya estaban separados desde 1999, acudieron juntos —el problema surgió en dónde colocar a Ana Togores, la esposa de Jesús—; también las hermanas de Letizia, Telma, que aún no se había casado con Jaime del Burgo, y Erika Ortiz con Carlos Vigo, así como los padres y los abuelos paternos y maternos de la novia, Francisco y Enriqueta, Menchu y José Luis; así como las damas de honor de la novia, Claudia González Ortiz y Ana Codorniú Álvarez de Toledo, y los siete pajes y damitas: Felipe Juan Froilán y Victoria Federica Marichalar; Juan Valentín, Pablo Nicolás y Miguel Urdangarin; Victoria López Quesada y Borbón Dos Sicilias, y Carla Vigo Ortiz.

Y... DIEZ ARZOBISPOS

Y para una novia que contraía matrimonio por segunda vez, después de haberlo hecho la primera por lo civil, sorprendía que, independientemente del cardenal arzobispo de Madrid, Antonio Rouco Varela, que ofició la ceremonia, presentes estuvieron el cardenal de Barcelona, Ricardo María Carles, y el de Sevilla, Carlos Amigo; el arzobispo de Oviedo, Carlos Osoro; el arzobispo castrense Pérez González, y el arzobispo emérito castrense José Manuel Estepa, y los obispos auxiliares de Madrid. En total, diez prelados, amén de los abades de Poblet, El Escorial y Covadonga.

CAPÍTULO 22

Seiscientas botellas de vino y ciento sesenta de cava

El escenario elegido para el banquete fue el patio del Príncipe, un cuadrado de 50 metros de lado en el que, bajo una carpa impermeable, ignífuga y opaca convertida en el toldo más grande del mundo, instalado a la altura de 32 metros, tomaron asiento los mil cuatrocientos invitados. Los colores del arreglo floral de las mesas fueron el blanco, el azul y el gris, con doce variedades de flores (tulipanes, rosas, *Bouvardia*, verónicas y guisantes de olor); por supuesto, ninguna aromática, para que no se mezclaran con los sabores del menú.

«Creo que esta boda no es una boda para alardes gastronómicos». Estas fueron las palabras del gran Ferran Adrià, el maestro catalán, calificado por el *New York Times* como el Salvador Dalí de la cocina española. Lejos estaba de imaginar que sería él, junto con Juan Mari Arzak, quien prepararía el menú de la cena de gala que tuvo lugar en el Palacio de El Pardo el día anterior a la boda para trescientos cincuenta comensales de los mil cuatrocientos que estarían al día siguiente en la ceremonia nupcial. Y que sí terminó siendo un verdadero alarde gastronómico vanguardista muy propio de ambos chefs.

Pero volvamos al almuerzo de la boda, cuyo menú fue preparado por Jockey, hoy, desgraciadamente, desaparecido. Para que todo funcionara a la perfección, se utilizaron ciento cuarenta camareros, setenta doncellas, veintitrés segundos *maîtres*, doce *maîtres* principales y el jefe de sala, el legendario Carmelo Pérez, para atender a mil cuatrocientos invitados sentados en mesas de diez.

Como aperitivos: jamón de Jabugo, queso manchego con «regañás», tartaletas de *esqueixada*, queso de Gamonéu (un tipo de queso azul que se elabora en Asturias), una *mousse* de pescado de roca, patatitas rellenas de changurro, tortas de champiñón, puntas de espárragos verdes fritas, vieiras empanadas, tirabuzones de lenguado, croquetas y cestas de verduras. Y el menú: tartaleta hojaldrada con frutos de mar sobre fondo de verduras, capón asado al tomillo con frutos secos y, lo que nunca puede faltar en una boda, la tarta nupcial, que pesaba 170 kilos, con una altura de casi dos metros, creada por el pastelero alicantino Francisco Torreblanca, acompañada de moscatel de Alicante Casta Diva Cosecha Miel 2002, que, según la Academia de Gastronomía, era no sólo el mejor de España, sino del mundo. En cuanto a los vinos, blanco D. O. Rías Baixas, tinto D. O. Rioja Imperial de Cune Gran Reserva 1994 y cava Segura Viudas Brut Vintage de la casa Freixenet.

La vajilla de la mesa presidencial, blanca con bordes azul y dorado, es histórica de Patrimonio Nacional. También se encargó a Francia una vajilla de lujo de tres mil piezas de porcelana de Limoges que llevaba el escudo en rojo y dorado. La cristalería era de Bacará.

Se utilizaron cuatro mil doscientos platos entre los mil cuatrocientos colocados en las mesas, los mil cuatrocientos de los entrantes y los mil cuatrocientos del postre. También, mil cuatrocientos platillos para el pan de la vajilla de Limoges, que tenía grabadas las iniciales de Juan Carlos y Sofía. Para consumir este menú fue necesario disponer de ocho mil cuatrocientas piezas de la espléndida cubertería de plata de Alfonso XII y de la de Alfonso XIII.

Se consumieron seiscientas botellas de vino, ciento sesenta de cava y setecientas de agua, utilizando para ello cinco mil seiscientas copas.

Los candelabros de cada mesa de plata pertenecían al Patrimonio.

CAPÍTULO 23

El traje de novia

Mientras España seguía de luto y no acababa de recuperarse de la tragedia del 11-M, Letizia subía un día sí y otro también al puente aéreo para viajar a Barcelona con el fin de someterse a las pruebas de su traje de novia. «Aunque lo único que necesito, de aquí al 22 de mayo, es tranquilidad, pues me gustaría hacer un buen trabajo», declaró Manuel Pertegaz, decano de los diseñadores, fallecido a los noventa y seis años, el 30 de agosto de 2014. Tenía ya ochenta y seis cuando recibió el encargo de la reina Sofía para realizar el traje de novia de su nuera.

El traje de las novias, de todas las novias del mundo, suele ser el mayor secreto de toda boda, sobre todo para el novio, que no lo conoce hasta que la novia entra en la iglesia o en el juzgado. Tal vez el más famoso traje, famoso por quien lo llevó y porque era una joya de diseño, no es precisamente el de Letizia, sino el de Grace de Mónaco, que se expone en el Museo de Filadelfia, el más fascinante e icónico del mundo y el más copiado. Aunque al lector le sorprenda, no fue una creación de ninguno de los grandes modistos de la época, como Dior, por ejemplo, sino de Helen Rose, diseñadora de la Metro-Goldwyn-Mayer, encargada de crear el vestuario para las grandes artistas que trabajaban para la compañía. Este vestido ha inspirado tanto a novias como a diseñadores de todo el mundo. Era un vestido en forma de campana, realizado en malla de marfil y tres enaguas como soporte. El velo se hizo con encaje de forma circular para no ocultar ni oscurecer su famoso y bellísimo rostro.

Desgraciadamente, el de Letizia no hizo feliz ni a su diseñador. «Nada que ver con el que yo había proyectado. Fueron tantas las personas que metieron la mano, aconsejando, opinando, sugiriendo, que, al final, no lo reconocía como mío», me diría en una de mis entrevistas. El diseño de Pertegaz sufrió variaciones sobre el modelo inicial. Las mujeres Ortiz Rocasolano y otras participaron en esos cambios, que, aunque no eran determinantes, sí hicieron que, detalle a detalle, el vestido no tuviera nada que ver con la idea primigenia, convirtiéndolo en un traje de novia vulgar. Cierto es que se trata de un modelo caracterizado por la sencillez, sin estridencias ni lujos innecesarios.

Quienes deseen contemplar este traje de Letizia pueden hacerlo en el Palacio Real de Aranjuez, donde, además, también podrán observar los que vistieron en el día de su boda la infanta Elena, obra del modisto sevillano Petro Valverde, y el de la infanta Cristina, del gran Lorenzo Caprile.

CAPÍTULO 24

Corinna y el viaje de novios de Felipe y Letizia

Me imagino que a Felipe le escandalizará saber, si es que no sabe ya, que Corinna fue la encargada, a petición del rey, de organizar, según reconoce, el viaje de novios, la luna de miel por Jordania, Camboya, Samoa, California, México y Fiji, viaje que costó la friolera de medio millón de euros.

Que la amante de tu padre se involucre, ¿sin tú saberlo?, en un tema tan privado y tan familiar no sólo es inaceptable, sino humillantemente ofensivo. Tampoco es de recibo que fuera Cusi, el gran amigo de don Juan Carlos, quien lo pagara todo.

Y esto es sólo el aperitivo de unas declaraciones que tanto daño hicieron a la monarquía, tan salpicada de miserias, y que una mujer despechada ha decidido airear con un encarnizado odio hacia don Juan Carlos y todo cuanto lo rodea.

CAPÍTULO 25

«*No te alejes nunca*»

A la semana siguiente de conocer a Felipe (se lo presenta Letizia, *of course*), Jaime del Burgo lo invitó a comer. Y para que supiera quién era, se declaró republicano. Sobre aquella conversación, relata Jaime del Burgo:

> Me confiesa que no tenía dinero y que mantenía una difícil relación con su padre. Eso sí, siempre estaba acompañado de una corte de amigos a los que Alfonso Ussía llamó una vez «mamporreros». Entre todos destacaba Javier López Madrid, casado con Silvia, hija de Villar Mir, un socio mío con el que había construido una fábrica en Valencia, aunque no éramos precisamente amigos.

Javier mereció la atención mediática el 6 de marzo de 2016, cuando salió a la luz su presunta vinculación en el caso de las tarjetas *black* de Caja Madrid. Pero, sobre todo, el descarado e irresponsable apoyo que, en aquellas circunstancias, le prestaron sus grandes amigos como Felipe, que lo era desde la época del colegio Los

Rosales, en el que compartieron pupitre, y Letizia. Sobre todo ésta, como quedó patente en el mensaje de texto reproducido por toda la prensa nacional y que decía:

> Te escribí cuando salió el artículo de lo de las tarjetas en la mierda de *El Mundo*. Ya sabes lo que pienso, Javier. Sabemos quién eres; sabes quiénes somos. Nos conocemos, nos queremos, nos respetamos. Lo demás, *merde*. Un beso compi yogui. *I miss you.*

Respecto a este asunto, dice Jaime del Burgo:

> Lo de «compi yogui», el apelativo que Letizia utilizaba en sus mensajes, se debía a que compartía con Javier las clases de yoga en el chalé del matrimonio López Madrid y Silvia Villar Mir, una sufridora esposa, en la lujosa urbanización madrileña de Puerta de Hierro, que también frecuentaba Felipe. Asimismo, pasaron por esta mansión la novia noruega Eva Sannum y la norteamericana Gigi Howard. Y, por supuesto, Isabel Sartorius, primer amor del príncipe. En todos los casos, Javier actuó como cómplice dando cobijo a las novias de su amigo.
>
> El de las tarjetas no fue el único caso en el que se metió el amigo íntimo de Felipe y Letizia. Después vino lo de las comisiones a Ignacio González, bautizado con el nombre de operación Lezo. Fue detenido el 22 de abril de 2017, por orden del juez de la Audiencia Nacional Eloy Velasco. Y, además, el turbio asunto de la dermatóloga Elisa Pinto, de cincuenta y dos años, casada con el doctor Sánchez Cabezudo y madre de tres hijos, fue uno de los episodios más escabrosos ocurridos en la *high society* española. La truculenta relación que mantenía ella y el empresario López Madrid, ambos casados, fue obsesiva. Tras su abrupta ruptura, López Madrid contrató, presuntamente,

a Villarejo. La Fiscalía de Madrid pidió trece años y dos meses de prisión para López Madrid.

En las conversaciones telefónicas que Letizia y su «compi yogui» mantenían no dejaban en muy buen lugar a su familia política.

Cuando llegó la boda, me ocupé, como ya sabes, de las capitulaciones matrimoniales, entre otras muchas cosas. Tuve que correr con los gastos de la familia de Letizia, ya que Juan Carlos se negó en redondo a pagar ni unas medias. Así que vestí, con la ayuda de mi amigo Felipe Varela, a la madre, a la abuela y a las hermanas. Y con la de Jaime Jaso, al padre, los abuelos y un primo.

Era tal la amistad y el cariño de Letizia hacia Jaime del Burgo que no tuvo inconveniente ni reparos por parte de Felipe para pedirle que fuera testigo de su boda e invitarlo a la cena de la noche anterior.

La víspera de la boda, ella me pidió que nos viéramos a solas en el restaurante El Latigazo. Cuando nos encontramos, me agarró de la mano y me preguntó por qué nunca le había pedido que se casara conmigo. Obviamente, no contesté. [No quiso recordarle cuando, en su encuentro en el hotel Ritz, en el que ella le informó que había conocido al príncipe, él llevaba en el bolsillo de su americana un anillo]. La animé como pude. La última frase que ella me dijo antes de despedirnos en el restaurante fue una petición: «No te alejes nunca».

Letizia y Jaime del Burgo en Nueva York, año 2011.

Los reyes y sus hijas en el cuarenta aniversario de la Constitución española.

La Familia Real acompaña a la infanta Sofía en el día de su confirmación en 2023.

Los reyes Felipe y Letizia conocen a los miembros de los Príncipe de Asturias.

Ceremonia de coronación de Felipe VI. Su esposa, doña Letizia, le toma la mano.

La Familia Real durante el acto de abdicación del rey don Juan Carlos en 2014.

La reina Letizia y la infanta Sofía en Palma de Mallorca.

La reina Letizia y sus hijas en Palma de Mallorca.

Doña Letizia junto a Rania de Jordania en una visita a los talleres de empleo.

Las reinas Letizia y Rania pasean por Madrid mostrando su complicidad.

Los reyes junto a sus hijas, Leonor, princesa de Asturias, y la infanta Sofía.

Doña Letizia, entonces princesa de Asturias, y la reina doña Sofía durante la tradicional ceremonia de la Pascua Militar del año 2009.

Recepción en el Buckingham Palace de Londres.

Doña Letizia saluda a Isabel Díaz Ayuso en la inauguración de ARCO en 2019.

Premios Princesa de Asturias 2015.

Los reyes con el presidente del Gobierno Pedro Sánchez y su esposa en 2018.

Fotografía oficial de los reyes de España tras su proclamación en 2014.

Felipe y Letizia la tarde en que se anunció su compromiso matrimonial.

Letizia, «la Cigarrera».

La reina Letizia asiste a una reunión empresarial.

Jaime del Burgo con su, hoy, exesposa Telma Ortiz,
hermana de la reina consorte Letizia.

Los peinados de Letizia

Archivo de *ABC*

La reina Letizia visita una residencia de estudiantes.

La reina consorte llega a la Base Aérea de Cuatro Vientos, en abril de 2023, para conmemorar el centenario del primer vuelo sanitario militar español.

CAPÍTULO 26

«*¡Cuánto te quiero!*»

Meses después de la boda, Jaime me reconoce que sustituyó a los amigos «mamporreros»:

Ellos me invitaron a Baqueira, a Marivent. Con Felipe tuve una gran relación de amistad. Yo le contaba mis problemas, y él, los suyos. Cuando conocí a su familia, los reyes, las infantas y demás, me decepcionaron, o creía que tenían un nivel intelectual más alto, pero descubrí que cada cual pensaba sólo en sí mismo. Me quedé horrorizado. Letizia era una zorra en el gallinero. Era más lista que cualquiera de ellos, como ha terminado demostrando. Con el nacimiento de Leonor, pasé a ser el «tito Jaime». Por entonces, yo vivía en Londres, pero, cuando venía a Madrid, solía pernoctar en «mi cuarto» de Zarzuela. Un día bajé a la piscina y me encontré que allí estaba Letizia. Hacía tiempo que no coincidíamos los dos a solas. Siempre estábamos rodeados de personas. Sentados en sendas hamacas, uno frente al otro, nos miramos largamente y en silencio, hasta que la oí decir: «¡Cuánto te quiero!». Yo le respondí lo que sentía: «Yo, también».

Recordando aquel día y aquel momento, Jaime del Burgo escribió años después una obra de teatro titulada *La hamaca* (*The hammock*, en inglés): «La edité, pero no la distribuí». Sería interesante leerla.

Esta situación me ha recordado, por lo de la piscina y la hamaca, aunque no tiene nada que ver, con lo que sucedió en el Palacio de Marivent en el verano de 1988, durante las vacaciones de la princesa Diana de Gales en Mallorca. Aquel día, Lady Di prefirió quedarse sola tomando el sol en la piscina mientras Carlos, su marido, inmortalizaba los paisajes de la isla con sus pinceles.

Ese día, en un momento dado, telefoneó a su escolta personal, Ken Wharfe, que se alojaba en un hotel próximo a Marivent: «Ken, ¿podrías venir a verme, por favor? Es bastante importante».

Una vez en el palacete, el escolta se dirigió a la piscina, donde la princesa se encontraba tomando el sol en una hamaca con su bikini naranja. Lo que el escolta oyó de labios de su jefa le demostró el sufrimiento y la soledad de Lady Di: «Ken, creo que le gusto al rey. Es tremendamente encantador conmigo, demasiado atento y táctil».

¿Tan sola se sentía como para confesar tales intimidades? ¿Sería verdad que don Juan Carlos intentaba ligarse a la princesa, su invitada? ¿O eran impresiones de ella? ¡Qué mujer más desgraciada! ¿También Letizia se sentía así ese día en la piscina de Zarzuela?

Según me contaba Jaime, ya entonces advirtió que Felipe y Letizia tenían una «relación difícil», por decirlo de una forma suave. «Felipe me utilizaba como hombre bueno porque se sentía incapaz de tranquilizarla».

Cuando nació Sofía, Jaime del Burgo se convirtió en tío de las dos.

Fue un periodo hermoso. Yo no tenía hijos, y esas niñas me alegraban la vida… Trabajando en Brasil, sufrí una embolia pulmonar. Permanecí en la UCI durante quince días. Conseguí que en el hospital Albert Einstein de Sao Paulo me facilitaran un teléfono con el que Letizia y yo hablábamos cada día. «Me voy a verte». «Imposible». «¿Y si te pasa algo?». «No pienso morirme en Brasil».

En mis visitas a Madrid siempre íbamos al cine los fines de semana Felipe, Letizia y algunos amigos. Letizia y yo siempre nos sentábamos juntos, cogidos de la mano. Eran instantes de felicidad.

Pero en agosto de 2011 fue la única vez que discutimos. En Marivent. Y en noviembre de ese año, encontrándome en Londres, recibí una llamada. Fue muy breve: «No podemos seguir viéndonos». Y colgó.

CAPÍTULO 27

La muerte de Erika

David Rocasolano, primo de Letizia y autor del polémico libro autobiográfico *Adiós, princesa*, ya mencionado anteriormente, cuya protagonista es, por supuesto, la inefable Letizia, escribe que ella mantenía con sus hermanas «una falsa cordialidad», aunque a esas alturas ya no se podían ni ver. Sobre todo, Telma, que no soportaba las continuas broncas de Letizia cada vez que abría la boca en un medio de comunicación o se dejaba fotografiar. A Erika, más de lo mismo, después de que apareciera con Roberto García, el fotógrafo de televisión, abrazados y sonrientes caminando por la calle. Erika había recibido las típicas llamadas histéricas y controladoras de Letizia. «No había sido capaz de mandarla a la mierda. La relación de las tres hermanas estaba ya muy deteriorada», comenta David Rocasolano en su libro. El 7 de febrero de 2007 la encontraron muerta en su casa de Vicálvaro, antiguo piso de Letizia. Se había suicidado.

A continuación, Jaime del Burgo relata cómo sucedieron los hechos tras el terrible suceso:

La muerte de su hermana marcó un antes y un después en la vida de Letizia. Me llamó el mismo día. Cogí un avión y llegué al funeral. Me abrazó llorando. Recuerdo que le dije: «Hay que saber aceptar la voluntad de quienes no quieren estar con nosotros». Su relación con Felipe estaba muerta. Ella había sacrificado su profesión, su familia, y se había visto en el ojo del huracán. Las diferencias en educación y valores se hicieron visibles. Ahora perdía a una hermana y responsabilizaba a todos del suicidio. Esos días vivimos momentos de gran tensión. Eso no era bueno para la niña, que no había cumplido todavía dos años. Se lo advertí, diciéndoles a los dos, a Felipe y a Letizia: «No podéis discutir así delante de la pequeña, ni de los escoltas, ni del servicio. Si queréis mataros, perfecto, os encerráis en un cuarto, y listo. Pero así, no».

Los primeros en echar en falta a Erika fueron sus compañeros de trabajo en la productora Globomedia, que, preocupados ante su ausencia, habían llamado insistentemente a su teléfono sin obtener respuesta. Se pusieron en contacto con su novio, Roberto García, cámara en la misma empresa. Por ello habría sido quien acudió al piso el primero, hallándola ya muerta. Letizia, embarazada de seis meses, lo supo encontrándose en Zarzuela.

Al conocer la noticia, Antonio Vigo, su exmarido, acudió rápidamente para recoger a su hija Carla, de seis años entonces. Se da la dramática circunstancia de que Erika, después de tomar la decisión de suicidarse, dejó la noche anterior a su hija con una vecina. ¡¡¡Terrible decisión!!! Tenía tan sólo treinta y un años.

En el funeral se vivieron momentos de máxima tensión. En un instante de la misa, se oyó a Antonio Vigo acusar a la Familia Real: «Vosotros tenéis la culpa, hijos de puta, ¡vosotros la habéis matado!», gritó fuera de sí.

CAPÍTULO 28

La boda con Telma

Cuando Letizia le colgó el teléfono diciéndole aquello de «No podemos seguir viéndonos», Jaime del Burgo lo pasó muy mal hasta que una muy buena amiga le animó, aconsejándole: «Anímate y llama a Telma».

A Telma la conocí en la primera etapa de mis relaciones con Letizia. En la segunda, ésta me prohibió, terminantemente, que la viera. Pero, un día, coincidimos en Zarzuela y los cuatro (Letizia, Felipe, Telma y yo) nos fuimos al cine. Al salir, llovía a mares, y, en lugar de regresar en el coche con los príncipes, lo hice en el de Telma. Cuando llegamos al Pabellón del Príncipe, llovía tanto que no pudimos salir. Y allí estuvimos cerca de una hora hablando. Me pidió que fuera un día a visitarla a Barcelona, donde entonces vivía. Y es lo que hice. La llamé y fui. Le dije que su hermana no debía saber que había ido. No se sorprendió. A ella también le había prohibido verme.

Se vieron en Aspen, adonde la había invitado, y no sólo se enamoraron, sino que le pidió que se casaran. Con la ayuda de su padre, Jaime Ignacio del Burgo, del abad de Leyre y del arzobispo de Pamplona, organizaron la boda en la más estricta intimidad y por sorpresa, después de dos meses de noviazgo.

Telma, que ya había cumplido treinta y ocho años (el novio tenía cuarenta y uno), viajó desde Barcelona a la capital navarra acompañada de su hija Amanda, de cuatro años, nacida de su unión con el también abogado Enrique Martín Llop. La ceremonia de la boda se celebraría en el monasterio de Leyre, el equivalente al monasterio de Montserrat en Cataluña o Covadonga en Asturias.

La novia vestía un sencillo conjunto de chaqueta con pantalón tipo *palazzo*; cuerpo en gasa cruzado y entallado a la cintura, y una torera de mangas tres cuartos. Como únicas joyas, unos pendientes de brillantes y el anillo de compromiso, regalo del novio. Para caminar se veía obligada a ayudarse con muletas después de la lesión de rodilla que había sufrido recientemente.

El monje del monasterio de San Salvador de Leyre, José Antonio Pedroarena, y el párroco de San Nicolás, Santiago Cañardo, asesor que había sido del padre del novio durante su etapa como presidente navarro, celebraron la boda en la más estricta intimidad. Como únicos testigos, los padres del novio, la hija de la novia y el matrimonio amigo de Telma. Blanca Azpiroz, madre del novio, actuó de madrina. No estuvieron presentes ni la familia de Telma, incluidos Felipe y Letizia, ni los hermanos de Jaime. Estos últimos recibieron la noticia después de la ceremonia, siendo convocados a una discreta reunión en el Castillo de Gorraiz, donde se celebró una cena familiar.

Después de un fin de semana idílico, Telma regresó a Barcelona para que su hija terminara el curso en el centro escolar, mientras que Jaime lo hizo a Londres, donde tenía fijada su residencia desde hacía ocho años. No sólo su vida en común, sino también la luna de miel tendrían que esperar.

Antes de casarse con Del Burgo, Telma ya se dedicó a poner demandas a toda la prensa del corazón, diarios y canales de televisión, pidiendo medidas cautelares para prohibir imágenes suyas incluso en ceremonias oficiales. La justicia se lo denegó, y tuvo que pagar cuarenta y dos mil euros de costas judiciales.

Y con motivo de su boda con Telma, Jaime del Burgo escribió un artículo el 13 de mayo de 2012, con el título «Derecho a la intimidad», en el que, entre otras cosas, se refería «al acoso sufrido hacia Telma y otros miembros de su familia, aunque ya no estén aquí para contarlo».

> Soy testigo de lo que le supone a una madre no caer en la provocación cuando un delincuente coloca una cámara a 10 centímetros del rostro de su hija pequeña y le susurra al oído crueldades de persecuciones temerarias cuyo riesgo es cobrarse la vida de un transeúnte al precio de una fotografía, de entorpecerle el camino, de sitiarle la casa día y noche… De estos atropellos he sido testigo hace casi una década, y ojalá haya puesto un punto final, trasladando mi residencia al extranjero. Si hay alguien en España que ha dicho alto y claro en muchas ocasiones, ante diversas instancias y enfrentándose a Goliat que la dejen vivir en paz, ha sido Telma, mi esposa. Ahora ya no estará sola en la defensa de su derecho constitucional.

CAPÍTULO 29

Eva Sannum y Letizia Ortiz

Si ha habido, de entre todas las mujeres que han pasado por la vida sentimental de Felipe (Victoria Carvajal, Isabel Sartorius, Gigi Howard y alguna más que no recuerdo), una que a punto estuvo de llevarlo al altar, fue la modelo noruega Eva Sannum. Pero aquello nunca sucedería, gracias a la campaña orquestada por don Juan Carlos a través del jefe de su Casa, mi paisano Fernando Almansa, para frustrar el compromiso, después de que el presidente José María Aznar dijera al rey que el príncipe le había informado que pensaba anunciar su boda. Desde ese momento, el rey sólo tuvo una obsesión: que rompiera las relaciones con Eva Sannum, una magnífica muchacha que sólo tenía dos «defectos»: ser extranjera (doña Sofía es griega de nacimiento) y ser modelo de profesión de ropa interior de la firma alemana Triumph, lo que suponía que, por exigencias de guion, como suele justificarse, todo el mundo la había visto en bragas y sujetador. Y es que, al parecer, como se le dijo a un periodista británico cuando publicó que

Isabel II «estaba dando el pecho a su primer hijo»: «No olvide que la reina no tiene tetas». Pues eso.

Por todo ello, don Juan Carlos ordenó a Almansa, que llevaba casi una década como jefe de la Casa del Rey, el nada agradable y delicado cometido de pedir a Felipe, en nombre de Su Majestad, su padre, que rompiera sus relaciones con la modelo: «Dile a mi hijo que rompa con esa chica». El fin del noviazgo se hizo oficial el 14 de diciembre.

La relación de Felipe con Eva Sannum iba tan en serio y estaba tan consolidada que incluso ella colaboró en la decoración del pabellón que hoy comparte con Letizia.

Ítem más: nunca, jamás, nadie ha hecho en público y por televisión unos elogios como Felipe de Eva, el 14 de diciembre de 2001, demostrando que había sido su gran amor y destacando algunas de sus cualidades: «Su fortaleza, dignidad, sensibilidad, capacidad de superación y determinación por llegar a la excelencia siempre me han impresionado. Y no sigo porque no acabaría nunca», concluyó emocionado hasta las lágrimas y con el corazón roto.

Esa «oficialización» de la ruptura suponía también la rendición en la batalla sin cuartel por el futuro sentimental del príncipe. Impresentables fueron las palabras del historiador Seco Serrano en *ABC* a este respecto: «Sería inconcebible ver, en el trono que ocuparon con dignidad Cristina de Austria, Victoria Eugenia de Battenberg y hoy doña Sofía, a una jovencita avalada por sus medidas perfectas de maniquí».

¿Quieren ustedes saber qué impidió el anuncio del matrimonio entre Felipe y Eva Sannum? El atentado de las Torres Gemelas, el 11 de septiembre de 2001. El mundo no estaba para anuncios festivos de boda.

Diecinueve años después, exactamente el 4 de agosto de 2020, el rey Felipe VI pide también al jefe de su Casa, Jaime Alfonsín, que comunique a su padre, el rey Juan Carlos, que tiene que abandonar Zarzuela y España. ¡Dramática coincidencia! Ninguno de los dos tuvo el valor de enfrentarse cara a cara con el problema. Ni el padre en su día con el hijo ni, diecinueve años después, el hijo con el padre. Los dos utilizaron a los jefes de sus respectivas Casas.

Aunque a don Juan Carlos no le agradaba la sustitución de la modelo por la periodista, no tuvo agallas para impedir que Felipe y Letizia se casaran. Pero esa es otra historia.

CAPÍTULO 30

«Volveremos a estar juntos»

Confieso que nunca entendí la boda de Telma. Ni la reacción de Letizia. Aunque no asistió a la ceremonia en el monasterio navarro de Leyre, sí aceptó viajar hasta Roma, donde Jaime había decidido celebrar, dos meses más tarde, el compromiso en el hotel La Posta Vecchia, antigua casa del siglo XVII propiedad del multimillonario Paul Getti, frente al mar Tirreno, a 30 kilómetros de la capital italiana. En esta ocasión, estaban todos los que tenían que estar y que no estuvieron en la boda, treinta personas en total. Entre estos, Felipe, Letizia y hasta Leonor y Sofía.

«Ese día decidí celebrar nuestra boda con las respectivas familias con una ceremonia civil que ofició un alcalde amigo mío de la región de Umbría», explica Jaime del Burgo. Según la información que me ofrece, supuso un gasto diario de diez mil euros por persona.

«Cuando los invitados nos felicitaron, llegó el turno de Letizia, que me besó en la mejilla y al oído me dijo: "Volveremos a estar juntos"». Supongo que se refería, claro está, a que, al haberse casado con su hermana, ya eran familia y tendrían más contacto. Porque, si no, ¿a qué estaba jugando Letizia? Pregunto.

Aunque Del Burgo había organizado su vida en Nueva York para compartirla con Telma y su hija, nunca residieron juntos allí.

Los últimos quince días antes de venir a Roma, Telma los pasó en Zarzuela. Nunca he llegado a saber qué sucedió. Durante los tres años siguientes, intenté lo imposible. Pero Letizia no paró hasta conseguir que mi relación con su hermana fracasara. ¿Por qué? A Telma la tenían marginada. Incluso pedí ayuda a Felipe. Es la única guerra que he perdido en mi vida.

Cuando no hacía dos años que se habían casado, Telma y Jaime interpusieron una demanda de divorcio de mutuo acuerdo. ¿Letizia creyó de verdad que su hermana Telma y su amigo Jaime podían ser felices casándose? Pues no sucedió…

Este último, años después de su separación, se desahoga confesándome lo siguiente:

Por mis conocimientos de tantas cosas, el CNI comenzó a seguirme y estuvieron en ello durante cerca de cinco años. En una ocasión, se extralimitaron y me desvalijaron un palacete donde vivía a las afueras de Ginebra. Buscaban lo que no estaba en la casa. Cuando mi relación con Letizia finalizó, cogí todo lo que tenía, fotografías, videos, móviles, SMS, y los deposité en la caja fuerte de mi banco. Ahí siguen. He guardado muchos años de silencio. He soportado humillaciones propagando maledicencias sin cuento para intoxicar a este protagonista y testigo de muchas cosas…

CAPÍTULO 31

Así es la casa que decoró Eva Sannum

Recapitulando, el 14 de diciembre de 2001, el rey Juan Carlos obliga a su hijo Felipe a romper con Eva Sannum, el gran amor de su vida, hasta el extremo de no anunciar su boda a causa del atentado de las Torres Gemelas. Durante aquel tiempo, la modelo noruega había colaborado en la decoración del Pabellón del Príncipe, como se denomina la residencia del hoy rey Felipe VI, construida a un kilómetro exactamente de Zarzuela, residencia oficial del jefe del Estado.

Pero esta mansión que iba a ser la residencia de la pareja la estrena, en solitario, Felipe el 26 de junio de 2002, seis meses después de su ruptura con Eva, y, desde el 22 de mayo de 2004, se convierte en el hogar del matrimonio real. «Un salto considerable para Letizia desde su lúgubre pisito de dos habitaciones de Vicálvaro», según palabras de su primo David Rocasolano, que conoció este palacete a primeros de septiembre de 2003.

Me recibieron Letizia y Felipe (todavía no se habían casado) en el gran salón de la planta baja, más de 200 metros. Estaban nerviosos.

—Tengo que contarte una cosa, David, que puede afectarnos a Felipe y a mí muy seriamente. Si llega a saberse, es muy probable que esto no siga adelante... Hace un año tuve un aborto voluntario en la clínica Dator de Madrid. Si esto lo sabe la madre de Felipe, la boda es inviable.

—¿Qué quieres que haga yo? —pregunté.

—Quiero que vayas a la clínica y limpies todos los papeles que hay —me dijo Letizia.

—Esto hay que hacerlo ya —interrumpió Felipe con voz rotunda.

No me estaban pidiendo un favor, era una orden.

Ese día Felipe estaba dando un pequeño golpe de Estado, ocultándoles a sus padres un hecho que podría haber dado al traste con su matrimonio.

Ese fue el motivo por el que David Rocasolano, el primo hermano y la persona en la que más confianza tenía Letizia, conoció la que poco después sería la residencia de los príncipes. Se trata de una mansión de 1771 metros cuadrados útiles, divididos en cuatro plantas, y que costó a Patrimonio, que somos todos los españoles, la friolera de 4.237.135 euros (705 millones de las antiguas pesetas). El arquitecto de esta obra fue Manuel del Río, que utilizó para ello materiales como madera, ladrillos y granito. Todo ello, al más puro estilo castellano.

El gran salón principal de la planta baja estaba presidido, sobre la chimenea, por un retrato de la reina Sofía, creo que de Félix Revello de Toro, que Eva Sannum tuvo especial interés en que figurara allí. Hoy ignoro si aún permanece en el mismo lugar o si ha sido sustituido. También me sorprendió que, en el despacho de Felipe, situado en esa misma planta, de 568 metros cuadrados, la mesa de trabajo fuera la de su padre, la misma que yo vi la noche del 22 de noviembre de 1975, cuando don Juan Carlos me invitó a compartir con él y con doña Sofía las primeras horas de aquel trascendental e histórico primer día como reyes. Cuando entré en el despacho, el nuevo rey tenía la mesa llena no de documentos, sino de cámaras fotográficas y objetivos que iba limpiando con ayuda de una bayeta. Todavía recuerdo que, durante las horas que estuve en aquel despacho de Zarzuela, nadie llamó a aquella puerta ni el teléfono sonó una sola vez. ¡Qué soledad más inquietante!

Y volviendo al Pabellón del Príncipe, en la primera planta de 423 metros cuadrados están los dormitorios del matrimonio Felipe y Letizia (110 metros), unidos a dos vestidores, dos cuartos de baño, tres dormitorios con dos baños y aseo y un despacho.

En el sótano (780 metros cuadrados) se encuentra la cocina principal, cuatro dormitorios con baño, un comedor y una sala de estar.

Importante: cuando se anunció el compromiso, el 1 de noviembre de 2003, Letizia se fue a vivir allí y no al ala de invitados de Zarzuela, como difundió la Casa del Rey. «Quizá no querían que Rouco Varela supiera que los herederos de la Corona vivían en pecado», contaba el famoso primo David Rocasolano.

CAPÍTULO 32

Letizia y el polémico adelanto de viaje de novios

El 11 de abril de 2004, Felipe y Letizia, que habían decidido realizar un previaje de bodas ¡cuarenta días antes! (como si no fuera suficiente el que harían después alrededor del mundo), junto con unos amigos, tuvieron una polémica escala en el Aeropuerto Internacional de Miami, adonde llegaron en avión privado después de pasar unos días de «descanso» en el Caribe, momento en el que Letizia demostró, con su fuerte carácter, quién era. Primero, disfrutaron del mar en Santo Domingo (República Dominicana), para después viajar a las idílicas playas de Nassau, en las islas Bahamas, protegidos por cuatro guardaespaldas. Después de este adelanto de «viaje de novios», la pareja viajaría hasta Palma de Mallorca. Sería la primera visita de Letizia a la isla balear como la prometida que entonces era del príncipe de Asturias.

Volvamos a la capital de Florida. Sorprendentemente, la comitiva del príncipe fue «retenida» antes de embarcar con destino a Madrid para pasar por el trance de la apertura de las maletas, en cumplimiento de las draconianas normas de seguridad en vigor tras los atentados del 11-M. «Aquí no pasa nadie sin inspeccionar sus maletas». La policía les pidió que abrieran el equipaje para ser cuidadosamente inspeccionado por los servicios de seguridad, el mismo trámite para cualquier otro viajero.

A pesar de que las autoridades del aeropuerto les ofrecieron la posibilidad de que el registro se hiciera en una sala alejada de las miradas de los curiosos y por policías con experiencia en el trato a pasajeros VIP, Letizia sufrió, según el periódico *Miami Herald* en su versión en español, *Nuevo Herald*, un «ataque de cólera real» (¡y todavía no se había casado!), considerándolo como «humillante» y «un insulto», e increpando a los agentes por la forma «poco apropiada de tratar al heredero de la Corona, a quien también se le escucharon acusaciones de violaciones diplomáticas y de protocolo». «No consideramos que ésta sea la forma apropiada de tratar a nuestro futuro rey», subrayó Victoriano López, el canciller español en Miami, el representante del consulado español que había acudido a recibir al príncipe.

El mal trago no quedó ahí. Según relató el periódico, Letizia decidió ir al baño después de la inspección. En ese momento, una policía femenina le advirtió que, al regreso de la *toilette*, le registraría de nuevo el bolso. La reacción de la consorte fue aún mucho más violenta e insultante, según el *Miami Herald*.

El incidente llegó a Zarzuela, que, por su parte, prefirió restar importancia al contratiempo, entendiendo la situación debido al incremento de las medidas de seguridad tras los atentados del 11-M. Pero el lance fue tan delicado, sobre todo por la reacción de Letizia, que hasta el entonces alcalde de Miami, Alex Penelas, pidió disculpas al príncipe.

CAPÍTULO 33

Letizia vio la luz cuando conoció a Felipe

El secretario general y portavoz de la Conferencia Episcopal Juan Antonio Martínez Camino consideraba que Letizia Ortiz, la prometida del príncipe Felipe, después de haber contraído un anterior matrimonio por lo civil y al afrontar ahora una boda eclesiástica, debía meditar sobre la decisión que iba a tomar:

> Necesita reflexionar, aunque ya lo habrá hecho cuando ha dado este paso en público, pero, como todos los demás novios y prometidos, necesita unos días de reflexión, mediante un curso prematrimonial. En el citado cursillo lo que fundamentalmente se les dice es que han de llevar una vida acorde con la doctrina de la Iglesia en lo que se refiere no sólo a la fe, sino también a la conducta y a la preceptiva habitual de los sacramentos.

El encargado de esta delicada misión fue José Manuel Estepa, entonces arzobispo castrense y obispo auxiliar de Madrid, uno de los más prestigiosos catequistas de la Iglesia. Tarea nada fácil. Letizia debió rellenar previamente un formulario en el que explicaba las causas que la llevaron a contraer, anteriormente, un matrimonio civil, entre otras cuestiones. Consciente como estaba monseñor de todos los antecedentes sentimentales y religiosos de la señorita Ortiz Rocasolano —atea, se decía; digamos mejor que agnóstica, con poca o nula práctica religiosa, con un matrimonio civil fracasado y un embarazo interrumpido (vulgarmente, aborto)—, sabía que el cursillo no iba a ser nada fácil.

Aquellos cursillos prematrimoniales se centraron en cinco grandes cuestiones: Dios, Cristo, la Iglesia, los sacramentos y la moral católica. También, lógicamente, en el sacramento del matrimonio. Ante monseñor Estepa tuvo que declarar que no estaba ligada a otra persona por matrimonio civil o religioso y si había habido nulidad o divorcio. Cuando Letizia le reconoció que era divorciada, monseñor Estepa le hizo una pregunta muy lógica: «¿Cómo es que contrajo, la anterior vez, matrimonio civil y ahora se dispone a hacerlo por la Iglesia católica?».

Consciente de que, como decía Andre Gide, «no hay más respuestas en el cielo que preguntas en los labios de los hombres», monseñor esperaba cualquier contestación, pero no la que oyó, sorprendido, de labios de Letizia: «Es que, cuando conocí a Felipe, vi… la luz».

Pienso que monseñor Estepa prefirió no profundizar. Partiendo de la base de que no hay cualidad más bella que la Luz, estoy seguro de que monseñor entendió que se refería a la Luz de la Iglesia católica con cuya conformidad iba a casarse.

Cuando, años después, se especulaba sobre la crisis en el matrimonio de Felipe y Letizia, pienso que recordaría lo que prometió en aquellos cursillos: contraer matrimonio, uno e indisoluble.

Poca gente supo que estas amonestaciones estuvieron colocadas quince días antes de que concluyera el expediente matrimonial, en las puertas de las respectivas parroquias de los novios, como era preceptivo: en la catedral arzobispal de la calle Sacramento de Madrid, la del entonces príncipe Felipe, y en la parroquia de San Gregorio Mayor de Vicálvaro, la de ella.

Esta notificación pública se hace para que, si alguien conoce algún impedimento por el que los novios no deban casarse, lo hagan saber para evitar que se casen y se repita un comportamiento indeseable.

Aunque desde el primer momento se sabía que lo de Felipe y Letizia era un matrimonio por amor, había que dejarlo todo bien claro ante un posible divorcio, mediante las ya comentadas capitulaciones, que nada tienen que ver con las amonestaciones.

CAPÍTULO 34

El exmarido, ese día: «Sólo lo sé yo y lo guardo para mí»

El fin de semana que siguió a la petición de mano, la revista de mis amores y mis dolores (*¡Hola!*) se ocupaba de Alonso Guerrero, el exmarido de Letizia. El buen hombre intentaba llevar una vida lo más normal posible sin aparentar verse demasiado alterado por los acontecimientos que afectarle debieron.

Ese día, concretamente ese, se le fotografió en compañía de su segunda esposa, María del Carmen Astero, madre de un hijo de cuatro años, de la que poco después se divorciaría para casarse en Badajoz, por lo civil, a los cincuenta y seis años, el 30 de marzo de 2019, con María Dolores Corral, un amor de juventud, divorciada, con dos hijas y perteneciente también al mundo de la docencia.

El día de la petición de mano, Alonso Guerrero y quien entonces era su segunda esposa acudieron a pasar el día a Faunia y presenciaron el espectáculo de focas.

Hacía siete días que Alonso, en declaraciones a *El Mundo*, reconocía que su novela *Un hombre abreviado* era una obra totalmente de ficción y que estaba escrita antes de su separación de Letizia. «El tema no tiene nada que ver con ese asunto que tanto preocupa y fascina a la gente. A mí este asunto no me quita el sueño, en absoluto. Soy un hombre cabal, medianamente serio».

Al ser preguntado si era cierto, tal y como se había publicado, que sufrió una profunda depresión después de la ruptura matrimonial con Letizia, dijo: «Esa es cosa incontratable que sólo sé yo y que guardo para mí». Al hablar de la próxima boda de quien había sido su esposa, respondió: «Les deseo mucha suerte y felicidad a los dos, aunque sería muy triste que esto relanzara mi carrera como escritor».

CAPÍTULO 35

Los excesos de Letizia.
Ya no es la misma

Letizia, en lo referente a su aspecto físico, no tiene sentido de la medida. Con ella siempre va la polémica, cuando no el escándalo. «Aunque nadie quiere ser ridícula», como decía Molière, porque el ridículo deshonra más que el deshonor. Hasta la prensa británica se hizo cco de esa ridícula obsesión fuera de lugar de Letizia por querer demostrar no sólo que es joven y *cool*, sino que, como madre, intente competir públicamente hasta con sus hijas. La prensa inglesa la criticó, una vez más, por llevar minivestidos a su edad: *She is too old for this look and divides fans as she wears short dress* («Es demasiado mayor para ir así, y este *look* con vestidos tan cortos ha dividido a sus *fans*»). *Fans* o partidarios. Hasta la *socialite* Carmen Lomana, siempre tan respetuosa en los temas de la monarquía, manifestó su opinión crítica cuando reconoció:

Nunca he sentido tanto la dignidad real de nuestra reina emérita que en ese paseo con sus nietas y Letizia en «minifalda». ¿Quería demostrar algo? Hacer sentir que lo de su juventud, lo de que ella es joven, está fuera de lugar.

Yo añadiría que simplemente es un tanto patético. Asimismo, el diseñador Juan Avellaneda declaró: «A mí no me gusta que una madre quiera utilizar su *look* juvenil, que lo tiene, para demostrar que es joven, que lo es. Y eso da mal rollo».

Por otro lado, Esperanza Aguirre, que para eso es la cortesana mayor del reino, reconoce:

A mí me indigna que se metan con la reina Letizia. Criticar su ridícula manera de vestir, como ha hecho la prensa británica, no es meterse con la consorte real, que no reina. Simple y sencillamente, es referirse a su manera de vestir.

No es que yo la quiera comparar con Luisa Isabel de Orleans, la consorte del rey Luis I, hijo de Felipe V, escandalizado por el inadecuado comportamiento de su nuera, que gustaba de mostrarse en público con un liviano camisón sin ropa interior, que no es el caso de la nuera del rey Juan Carlos. Ni tampoco con mi paisana Eugenia de Montijo. Ni con Cristina de Suecia, que escandalizó con su extravagante comportamiento y ansias de libertad. Y todas esas reinas, consortes o titulares que Cristina Morató nos descubre en su libro *Reinas malditas*, revelando el lado más humano y menos conocido. Algunas, excéntricas, caprichosas, pero mujeres de carne y hueso, bellas, magníficas, inteligentes, sensuales, pero, sobre todo, polémicas, como nuestra Letizia. Expuestas en los medios de comunicación a veces no muy acertadamente. Por exceso o por defecto. Obligadas a llevar sobre sus hombros la pesada carga de representar a su país con dignidad.

Pero todo el mundo conoce la obsesión, la debilidad de Letizia: el culto que tiene a su cuerpo. Por los resultados, tal parece que sólo vive para ello con los ejercicios de calistenia que ayudan a lucir una espalda no sólo bien trabajada, sino hasta excesivamente musculada. ¿Y qué decir de los brazos y sus tríceps y abdominales que, gracias a las pesas y al yoga, se mantienen excesivamente musculados? ¿Y esas piernas que sabe lucir con minis tan cortas o más que las de sus hijas, gracias a la bicicleta y el *jogging*, los aliados de sus extremidades inferiores, libres de celulitis, y con los gemelos bien marcados?

Según los expertos como Mara Pales, están las inyecciones de vitaminas, los masajes faciales, los exfoliantes corporales y los *peelings* químicos. También avanzados tratamientos rejuvenecedores del rostro, como el dióxido de carbono o el láser fraccionado CO_2 que elimina líneas de expresión y manchas, estimula el colágeno y produce un tejido cutáneo de mayor calidad. Pero, por favor, no dejemos atrás el bótox. No podemos olvidar cuando se sometió, en 2008, a la septorrinoplastia, alegando que era con el fin de mejorar sus problemas respiratorios. Amén de otras muchas cirugías estéticas de la cabeza a los pies.

La querida compañera Paloma Barrientos descubrió otra disciplina a la que Letizia parece haberse aficionado: la escalada. Para ello mandó construir un rocódromo en Zarzuela. Según esa información, dedica una hora a la semana a subir y bajar por sus paredes ejercitando las extremidades superiores e inferiores, la región abdominal y la parte en la que la espalda pierde su honorable nombre. En lo que Letizia sí se parece a Luisa Isabel de Orleans es en la alimentación. Mientras que ésta se atiborraba de rábanos y ensaladas, la consorte española de hoy lo hace de verduras de hoja verde, como acelgas, espinacas y té kombucha, que ayuda al buen funcionamiento intestinal. Qué mérito tiene Felipe conviviendo con la mujer que ni sombra es de la que conoció. ¿Puede un hombre seguir enamorado de una mujer que ya no es la misma? No hay mayor felicidad en un matrimonio que envejecer juntos. Lo sé por experiencia de cincuenta años. Nada que ver con lo que está sucediendo en el matrimonio de Felipe y Letizia. ¿No se da cuenta ella de que no hay nada más patético que envejecer intentando parecer tan niña como tus hijas? ¡Ay, Felipe, qué pena me das!

CAPÍTULO 36

Quién es quién en la foto oficial

El 6 de noviembre de 2003 se celebraba en el Palacio de El Pardo la presentación oficial o petición de mano de los reales novios ante más de cuatrocientos periodistas. «Yo siempre he estado ahí. Se me hace extraño estar ahora al otro lado», comentó Letizia.

«En total, veintinueve personas relacionadas directa o indirectamente con los novios. Diecinueve Borbones y afiliados y, por contra, siete Ortiz Rocasolano», según David, el primo de la novia.

En la primera fila, y de izquierda a derecha, Carlos Zurita, médico cardiólogo y marido de la infanta Margarita de Borbón, hermana del rey Juan Carlos; Jesús Ortiz, padre de Letizia, periodista y director que fue de la emisora de Antena 3 Radio en Asturias; la reina Sofía; los novios; el rey Juan Carlos; Paloma Rocasolano, madre de la novia, auxiliar de enfermería, sindicalista de izquierdas y divorciada de su marido Jesús Ortiz desde 1999; la infanta Pilar, hermana del soberano, e Irene de Grecia, hermana de la reina Sofía, a quien sus sobrinos llaman «tía Pecu», por lo peculiar de su carácter.

En la segunda fila, se encuentran, ordenadamente, David Rocasolano, primo hermano de la novia; su esposa, Patricia; Iñaki Urdangarin, quien entonces formaba un matrimonio feliz con la infanta Cristina, que aparece en la foto junto a él y Telma Ortiz, hermanísima de Letizia y breve esposa que fue de Jaime del Burgo; Elena de Borbón y Jaime de Marichalar, duques de Lugo, quienes se separarían el 13 de noviembre de 2007, aunque el divorcio se pronunció en el 2010; Erika, la malograda hermana pequeña de Letizia, que se suicidaría el 7 de febrero de 2007 en la soledad de su piso madrileño de Vicálvaro que había sido anteriormente de Letizia y de donde salió para casarse. Erika dejó al morir una hija, Carla, nacida de su relación con Antonio Vigo, quien aparece en la foto familiar junto a ella, aunque, cuando murió, mantenía relaciones con Roberto García. Él fue quien encontró el cadáver de Erika en su cama, como ya hemos mencionado.

En la tercera fila aparecen Alfonso y María Zurita, los dos hijos de la infanta Margarita y el Dr. Carlos Zurita; Fernando, Luis y Juan Gómez Acebo, hijos de la infanta Pilar y de su marido, Luis Gómez Acebo, fallecido a los cincuenta y seis años, concretamente en 1991, a causa de un cáncer linfático; Bruno, el otro hermano Gómez Acebo, con su esposa, Bárbara Cano, y, por último, José Miguel Fernández Sastrón y su esposa, Simoneta Gómez Acebo, que se divorciarían en el 2012.

Con esta fotografía sucedió como con el posado de la Familia Real en la escalinata del Palacio de Marivent, que, en el mejor momento, como éste de presentación de

Letizia, llegaron a ser siete: don Juan Carlos, doña Sofía y sus hijos, Felipe, Elena y Cristina, así como Jaime de Marichalar e Iñaki Urdangarin. En 2007 desaparece Jaime, al separarse de la infanta Elena. En 2011, Urdangarin, marido separado de la infanta Cristina. Y en 2014..., el rey Juan Carlos (sí, el rey), al ser expulsado de su casa y de su país por su hijo Felipe y su nuera Letizia.

CAPÍTULO 37

Menchu, la abuela locutora: «No te cases»

Sorprende y extraña sobremanera la ausencia en este documento gráfico de presentación familiar nada menos que de la abuela paterna, la inefable Menchu Álvarez del Valle, la famosa locutora de radio, y del abuelo materno, Paco Rocasolano, el taxista republicano, dicharachero y castizo, casado con la pescadera Enriqueta, que aportaba al matrimonio una niña llamada Otilia. De su matrimonio con ella nacieron Paloma, madre de Letizia, y Francisco, taxista, como su padre.

Si por algo se caracterizaba Menchu Álvarez del Valle, fallecida a la edad de noventa y tres años, era por no callarse nada o casi nada. Letizia sentía por ella un cariño muy especial, como demostró al ser la primera persona a quien informó de su decisión de casarse con el príncipe Felipe. Se lo desaconsejó de una forma no muy ortodoxa. No hay que olvidar que la relación que Letizia mantenía con su abuela era entrañable, auténtica, sincera.

En una entrevista concedida el 7 de octubre de 2019 a *OK Diario* en su casa de Ribadesella, con la condición de que no se publicara hasta después de su muerte, no sólo habló del hoy Felipe VI, sino también de su opinión sobre la boda de su nieta: «Eres libre de hacer lo que te dé la gana. Pero ¿tú estás bien de la cabeza? Pero ¿sabes dónde te vas a meter, hija? ¿Sabes lo que es eso?».

Como sabemos, Letizia no siguió sus consejos, estaba «cegada de amor»: «Abuela, estoy enamorada», le insistió. Menchu intentó frenarla con otro sabio consejo: «Déjate de tonterías. Qué enamorada ni enamorada. Pégate un revolcón de vez en cuando y ya vale». A lo que Letizia, sorprendida por las palabras de su abuela, una vez más, le respondió: «No, abuela, estoy enamorada».

Esta conversación entre abuela y nieta no quedó sólo entre ellas, pues la propia Menchu se la relató a doña Sofía, que le dijo: «¡Qué valiente es tu nieta, Menchu! ¡Qué valiente!». La locutora no se cortó a la hora de decirle a doña Sofía su opinión: «No será porque yo no le quité las ganas». La mujer del rey le contestó: «¿De verdad que como abuela le quitaste las ganas de que se casara con Felipe?». Menchu sentenció:

> Claro, porque la quiero mucho. No es que tenga nada en contra de Felipe, todo lo contrario. Lo admiro muchísimo. Pero, para meterse ahí, hay que nacer ahí, para poder mantenerse ahí. A ella le va a costar mucho. Y, de hecho, ya le ha costado mucho, muchísimo.

Así las cosas, Menchu deseaba otra vida para su nieta, la misma que ya llevaba muy bien encaminada gracias a su trabajo.

Cuando me contó que se iba a casar, yo le dije: «¿Dónde crees que te vas a meter? Vamos a ver, tú tienes tu profesión, tu piso, tu coche, un buen sueldo… Y además, estás haciendo el telediario estrella con Alfredo Urdaci en TVE».

Menchu acabó entendiendo la nueva condición social de su nieta. A pesar de todo, verla enamorada la hizo feliz, aunque el exceso mediático le afectó mucho. Ocurrió en el último año de su marido. Y aquello parecía una romería:

No fue fácil. Se llegó a decir que un helicóptero pasaba una vez al mes sobre mi casa para tirarme el dinero que me mandaba mi nieta. Tuvimos que poner una valla porque los reporteros se metían hasta por la ventana de la cocina.

A esta abuela debe Letizia la periodista que fue, ya que Menchu le contagió el gusto por la profesión de la que ella era toda una figura como una de las voces más conocidas de la radio asturiana, trabajando más de cuarenta años como locutora en las emisoras Radio Asturias, Radio Oviedo y, en su última etapa profesional, en Radio Nacional de España. De ahí la afición al periodismo de Letizia, que de niña solía ir a verla a la radio, cogiéndole el gusto al micrófono.

Estaba tan unida a su nieta que ésta la invitó a participar en su boda leyendo un fragmento del Evangelio, durante la ceremonia en la catedral de la Almudena. Su actuación fue uno de los episodios más memorables de la liturgia. Leyó con voz radiofónica ese himno al amor que es la Carta de San Pablo a los Corintios. Un momento icónico precisamente por la manera en la que interpretó el texto, sobreactuando de forma muy teatral. Como si se encontrara ante los micrófonos del estudio de un programa de radio. Desde ese día, mucha gente ha rechazado esa famosa carta. Posiblemente porque nadie podrá leerla como Menchu. Ese canto al amor que «todo lo disculpa, todo lo cree, todo lo espera, todo lo soporta».

Fue la mejor interpretación que Menchu tuvo en su larga y prolífica vida. Se olvidó de que se encontraba en la catedral de la Almudena, casando a su nieta, que ese día, precisamente ese, veía «la luz», como ya le reconoció a monseñor Estepa cuando los ejercicios prematrimoniales. Su respuesta fue tan sorprendente, asombrosa, increíble, inesperada, inverosímil. Y miles de sinónimos más. Una pregunta casi obligada: ¿en su vida cuántas veces ha amado de verdad? A lo peor, y al igual que confesó a su abuela Menchu: «Yo antepuse el amor a mi carrera». Aunque no era lo mismo dejar un programa de informativos en TVE con un contrato de 200.000 pesetas de entonces para casarse con… el príncipe de sus sueños. Pienso que ha sido de las pocas muchachas en el mundo entero en hacer realidad esa fantasía sentimental. Aunque no creo que Letizia soñara jamás con un príncipe.

Menchu fue viuda en 2005 del que fue su marido, José Luis Ortiz Velasco, representante de la marca de máquinas de escribir Olivetti. Y ella, con su muerte, el 27 de julio de 2021, a los noventa y tres años, en su casa de Sardeu, en Ribadesella, dejaba huérfanos a Jesús Ortiz, padre de Letizia, y a su polémica y republicana hija Henar.

A propósito de Henar, un juzgado de Cangas de Onís decretó el 2 de julio de 2013 el sobreseimiento provisional contra ella, contra su hermano Jesús y la madre de ambos por un presunto delito de alzamiento de bienes por no aparecer debidamente justificada la perpetración del delito. Los tres habían sido imputados por un supuesto delito de insolvencia punible por alzamiento de bienes, a causa de una deuda contraída por un importe superior a los veinte mil euros por Henar cuando regentaba una pequeña tienda de regalos y recuerdos en Cangas. Tras la denuncia, la Fiscalía investigó el caso y determinó que la tía de Letizia, pero además también su padre y su abuela, podrían haber incurrido en ocultamiento de bienes para no afrontar los débitos contraídos por Henar. De haber sido condenados, la pena hubiera oscilado entre uno y cuatro años de cárcel, además de una multa a determinar por el juez. La demandante, Sandra Ruiz, era una pequeña empresaria asturiana consciente de lo que significaba apelar contra una decisión que afectaba al padre, a la tía y a la abuela de la princesa de Asturias. Sin embargo, apeló a la Audiencia Provincial la decisión de cerrar las diligencias del sobreseimiento que se había archivado.

La deuda para mí ha sido enorme. El gran perjuicio tanto económico como moral ha sido para mí y mi familia, que estamos sufriendo esta situación. No me corresponde a mí valorar las consecuencias que para doña Letizia suponen las actuaciones delictivas de su padre, de su tía y de su abuela, envueltos en una procelosa trama judicial.

Al coincidir este tema judicial con el proceso contra Iñaki Urdangarin y su esposa, muchas personas se preguntaron por qué a la familia de Letizia, sí, y a la infanta Cristina, no.

CAPÍTULO 38

Paco, el abuelo taxista

Paco Rocasolano, profesional del taxi, fallecido a los noventa y ocho años, el 28 de julio de 2015 (Enriqueta, su esposa, fallecería en junio de 2008), no hubiera imaginado jamás que iba a vivir para presenciar, desde una tribuna del Congreso de los Diputados, cómo su querida nieta se convertía en reina consorte de España.

Ese día 28 de julio de 2015 en que falleció Francisco, como no conduzco, llamé a Teletaxi para que vinieran a recogerme. Y miren por dónde, ¡que ya es casualidad!, vino el taxi matrícula 2509 CNW. Su conductor era don Anselmo Marco, quien, al reconocerme por el retrovisor, me dijo: «Señor Peñafiel, no se lo va a creer, pero acaba de subir al taxi del abuelo de Letizia, que ha muerto hoy». No se trataba exactamente del Renault 12 negro de Francisco, sino de la licencia que el señor Marco le había comprado al abuelo de Letizia por tres millones quinientas mil pesetas, coche incluido. Anselmo era compañero y amigo del inefable Francisco y frecuentaba su casa de la calle Pico de los Artilleros, en Moratalaz, donde vivía con Enriqueta, su esposa, y Otilia, la hija que ella aportó cuando se casó con Francisco, hijo de albañil, que combatió durante la guerra civil en el bando llamado de los «rojos». Terminada ésta, se hizo taxista y, como tal, fue uno de los promotores de la primera huelga que hicieron contra el ayuntamiento madrileño el 26 de julio de 1966, conocido como «el motín de las gorras», contra el uso de éstas, incómodas de llevar en pleno verano por el intenso calor. Más de dos mil fueron arrojadas a la fuente de la plaza de Cibeles. El recuerdo de Paco el Comunista perduró muchos años en el sector. Se trataba de un hombre bueno, simpático y solidario. Y extravertido. En la recepción celebrada en el Palacio de El Pardo el 21 de mayo de 2004, un día antes de la boda, el abuelo de la novia demostró su carácter festivo y desinhibido al alternar con algunas de las invitadas reales. Al igual que muchos hombres de su generación, dominaba el pasodoble y el «agarrao». El abuelo Paco bailó con algunas de estas *royals* hasta que Letizia tuvo que pedir a su primo David Rocasolano que se llevara al abuelo, que parecía haberse alegrado demasiado.

CAPÍTULO 39

Jesús Ortiz, su padre. A Letizia no le gustó que hablara de ella

Según David Rocasolano,

> Chus [el padre de Letizia] es un hombre con bastantes inquietudes. Un diletante, en el buen sentido de la palabra, que sabe de todo un poco: de música, de literatura, de historia, de arte... Se puede mantener una conversación inteligente con él. Y yo tengo la certeza de que fue la persona que más influyó en la vocación periodística de Letizia...

De las tres hermanas, Letizia era la preferida de su padre. Tal vez por ello pensó convertirse poco más o menos en el «portavoz» del compromiso de su hija.

Y dicho y hecho. La noche del 1 de noviembre de 2003, poco después de que Felipe y Letizia comparecieran, no en el Palacio de El Pardo con lo de la petición de mano, sino ante la prensa en el jardín del Pabellón del Príncipe en Zarzuela, Jesús Ortiz largó en directo en el programa

Salsa Rosa de Telecinco no sólo detalles de la boda, sino de la personalidad de la futura princesa de Asturias.

Fue la primera y única vez que lo hizo. Contó cómo se había enterado del noviazgo, aunque no supo hasta mucho después quién era la pareja de su hija: «De repente, un día me dijo que había conocido a una persona y, después, que iba un poco más en serio». Luego, reveló algunos detalles del carácter de Letizia: «Es una de las personas más cariñosas, entregadas y perfeccionistas que conozco, además de una lectora empedernida y con la cabeza muy bien amueblada».

Su descripción tan afectuosa acercó un poco más a los españoles a aquella joven que salía en pantalla en TVE cada noche para presentar el *Telediario*. Jesús contó también la anécdota de que, en 1981, retransmitió el primer discurso de Felipe, con trece años, en la ceremonia de los Premios Príncipe de Asturias.

Estas palabras fueron las únicas y las últimas que pronunciaría Jesús Ortiz en público sobre su hija, a la que no le gustó ni mucho ni poco que hablara sobre ella. Bien es sabido cómo tenía controladas a sus hermanas, Telma y Erika, prohibiéndoles no sólo que hablaran de ella, sino que se fotografiaran y se mostraran en público. Su actitud controladora, como se vería más adelante, llegó incluso a arruinar la vida de Erika. Y a su padre, al buenazo de Jesús Ortiz, le prohibió que hiciera más declaraciones, dada su nueva posición.

Desde entonces, han pasado veinte años, y tanto Jesús como el resto de la familia se han distinguido por su lealtad y discreción hacia Letizia. Desde aquella «bronca», su padre ha tratado siempre de despistar a la prensa, llegando hasta el ridículo extremo de, durante una larga temporada, vestirse con la misma ropa para que los fotógrafos no tuvieran material nuevo sobre él. Hubo un tiempo en que la presión llegó a ser tan elevada que ni salían a la calle. Y Telma se dedicó a poner demandas en los juzgados contra decenas de periodistas para que cesara la persecución. Letizia no se sintió cómoda con aquellas querellas.

Solo hay un momento del año en el que el nombre de Jesús Ortiz aparece en la prensa: la merienda en el Día de Reyes, en el que la Familia Real acude a su casa para comer el roscón e intercambiarse regalos.

En cierta ocasión, al cruzarse conmigo cuando salía de su despacho en la madrileña plaza de la Lealtad, junto al hotel Ritz, su primer impulso fue saludarme, pero, al identificarme, giró en redondo, dándose la vuelta.

Yo era para él un peligro que había que evitar.

CAPÍTULO 40

Diez más una razones para que el matrimonio funcione

Sobre este tema, el de la felicidad matrimonial, no está nada claro. El matrimonio puede llegar a ser una suerte de lotería. Casarse por amor dicen que no es una garantía. Tampoco que la pareja comparta los mismos gustos, las mismas aficiones, y que tengan el mismo carácter. Pero hay quien dice que el matrimonio es mucho más que amor. «Porque toda pareja pasa por altibajos, las cosas cambian y las circunstancias de la vida influyen en una relación de manera importante», dice la especialista Eva María Rodríguez. No puedes esperar ser siempre igual de feliz en tu vida matrimonial. Por muy parecidos que seáis. O diferentes. Como son Felipe y Letizia. Aunque tener opiniones y gustos distintos no debe ser un problema, siempre que se tenga un objetivo común.

Según Mark Manson, autor de, entre otros títulos, *The Subtle art of not Giving a Fuck*, estos son los factores que garantizan una relación larga, saludable y feliz en un matrimonio:

1. Admira a la persona con la que convives.

2. Pasa por alto los defectos del otro.

3. El respeto es lo más importante.

4. Hablad de todo.

5. Una pareja es feliz cuando los dos se encuentran en un constante estado de sacrificio.

6. Deja espacio a tu pareja. Sin miedo a que él o ella se vaya.

7. Todos cambiamos; aprende a aceptarlo. «Un día, te levantarás, y tu esposa o tu marido será una persona diferente. Asegúrate de que también te enamoras de ella».

8. Pelea bien. Lo importante no es siempre tener la razón.

9. Perdona. Aprende a vivir con su pasado.

10. Las cosas pequeñas importan. Como decir «Te quiero» o cogerse las manos viendo la tele.

11. Por último, no hay que olvidar que el sexo importa, y mucho. Se trata de un termómetro de la salud de la relación. Cuando va bien, el sexo es bueno. Debe ser una herramienta para suavizar las tensiones.

CAPÍTULO 41

Semejanzas y diferencias entre Felipe y Letizia

FELIPE

- Nombre: Felipe Juan Alfonso de la Santísima Trinidad y de Todos los Santos.
- Edad: 55 años.
- Fecha de nacimiento: 30 de enero de 1968.
- Altura: 1,95 metros.
- Estado civil: Casado.
- Color del pelo: De pequeño, rubio. Ahora, castaño claro y gris.
- Color de los ojos: Azul.
- Nombre del padre: Juan Carlos de Borbón.
- Nombre de la madre: Sofía Schleswig-Holstein.
- Hermanos: Elena y Cristina.

- Domicilio: Pabellón del Príncipe en el Palacio de la Zarzuela.

- Lugar de veraneo: Palma de Mallorca. Palacio de Marivent y paraísos desconocidos.

- Rasgos de su carácter: Muy responsable, alegre, aunque más tímido que su padre.

- Aficiones: Gran lector de libros y prensa. Y entre los deportes, la vela y el esquí. Le gusta el cine y la música de salsa.

- Escritor preferido: Los autores de historia y ciencia ficción.

- Echa de menos: A sus amigos.

- Comida favorita: El gazpacho, las *fabes* con almejas, los potajes, el arroz y las *pizzas*. Tiene debilidad por las patatas fritas.

- Coche preferido: Mercedes Benz Kompressor.

LETIZIA

- Nombre: Letizia Ortiz Rocasolano.

- Edad: 51 años.

- Fecha de nacimiento: 15 de septiembre de 1972.

- Altura: 1,75 metros.

- Estado civil: Casada y anteriormente divorciada.

- Color del pelo: Castaño claro con mechas.

- Nombre del padre: Jesús Ortiz.

- Nombre de la madre: Paloma Rocasolano.

- Hermanos: Telma y Erika (fallecida).

- Domicilio: Pabellón del Príncipe en el Palacio de la Zarzuela. Anteriormente, un piso de 80 metros cuadrados en Valdebernardo, número 40 de la Ladera de los Almendros (270.000 euros).

- Lugar de veraneo: Palacio de Marivent en Palma de Mallorca y paraísos desconocidos.

- Rasgos de su carácter: Fuerte, violenta y mandona.

- Aficiones: La lectura, tanto de ensayos como novelas y, por supuesto, prensa. Es apasionada del cine y de la música, especialmente la salsa, que baila muy bien.

- Escritor preferido: Ryszard Kapucinski.

- Echa de menos: Su libertad.

- Comida favorita: Las acelgas y las espinacas. Es casi vegetariana.

- Coche preferido: Audi de color azul oscuro.

RESUMEN

La relación entre un signo Acuario y otro Virgo es muy fructífera, destacando las conjunciones de planetas en Virgo, especialmente la intensa Sol-Plutón y Marte-Júpiter, lo que da una gran profundidad a la relación. La Luna y Júpiter de Letizia en Sagitario conecta muy bien con el Sol y la Luna de Felipe, facilitando la comunicación. La oposición de Marte en Piscis de Felipe al Marte en Virgo de Letizia proporciona atracción y también hace que la personalidad de cada uno se mantenga firme y no sea una relación de sumisión, sino de igualdad. El sentido de responsabilidad y sacrificio se vería reflejado por la oposición de Saturno de Felipe en Aries y la conjunción de Urano y Plutón de Letizia, que representa la restricción de libertad personal por ocupar un cargo público tan importante. (Informe publicado en *Lecturas*, número 2694, de 18 de noviembre de 2003).

CAPÍTULO 42

La primera boda real sangrienta en cincuenta y seis años

Aunque parezca increíble, la boda de Felipe y Letizia ha sido la primera boda real en España en… ¡¡¡cincuenta y seis años!!! Porque la de don Juan Carlos y doña Sofía, el 15 de mayo de 1962, marcada por la hospitalidad griega, la familia de la novia, se celebró en Atenas. Con tal motivo se trasladaron hasta la capital griega centenares de españoles. Algunos, a bordo del barco Cabo de San Vicente, que, anclado en el puerto de El Pireo, tuvo que servir de hotel para muchos españoles por el colapso hotelero en Atenas. A dicho enlace matrimonial estuvieron invitadas veintisiete casas reales.

Posiblemente el lector se pregunte por las bodas de las infantas Elena, el 18 de marzo de 1995, y Cristina, el 4 de octubre de 1997. Aunque son hijas de reyes, aquellos enlaces no podían considerarse como «bodas reales».

La última gran boda real antes que la de Felipe y Letizia fue la del rey Alfonso XIII y Victoria Eugenia, la reina inglesa de España, el 31 de mayo de 1906. La ciudad y el país echaron los restos para festejarla. Fue una boda marcada por la tragedia. El anarquista Mateo Morral lanzó una bomba al paso del cortejo real por el número 88 de la calle Mayor de Madrid, atentado que costó la vida a veintiocho personas. A pesar de esta catástrofe, el rey, «alegre como un latino, caballeroso como un Habsburgo, pero egoísta e insensible como un Borbón», demostró una total falta de empatía, como para encajar el terrible y sangriento golpe, borrándolo *ipso facto* de su mente («gajes del oficio») y ordenando que se celebrara el banquete real ¡una hora después!, aunque se desarrolló en medio de una gran conmoción. No tuvieron lugar ni el baile de gala en palacio ni la corrida de toros, ¡faltaba más!, mientras que la reina, deshecha en lágrimas, exclamaba, cuando se cambiaba el vestido manchado de sangre: «¡Qué horrible, qué horrible!». Al igual que haría décadas después Jackie Kennedy, tras el asesinato de su esposo, Victoria Eugenia no quiso que le limpiasen las manchas de sangre del vestido, para que sirvieran de mudo testigo de la tragedia. Éste fue expuesto por orden de la reina.

CAPÍTULO 43

El 11-M sorprendió a Letizia recién operada de cirugía estética

Tampoco mucha sensibilidad tuvo la Familia Real al no retrasar la boda de Felipe y Letizia después de los ciento noventa y dos muertos y mil cuatrocientos heridos tras el infierno terrorista del 11 de marzo de 2004, a las 7:30 de la mañana, en la estación madrileña de Atocha, cuando miles de ciudadanos se dirigían a su trabajo. Y sólo faltaban... ¡¡¡sesenta y cuatro días para la boda real!!!

La Familia Real, al igual que millones de aterrorizados ciudadanos, escuchaban por la radio y veían por televisión las terribles y dramáticas imágenes de los cadáveres esparcidos por la estación junto a los vagones. Esa misma tarde, Letizia acompañó de riguroso luto, como todos, a la reina Sofía y a su prometido, el príncipe Felipe, a visitar a los heridos internados en numerosos hospitales. Allí presenció, sobrecogida, el dolor de las víctimas y de sus familiares rompiendo a llorar, mientras doña Sofía, también llorando, la cogió del brazo intentando consolarla.

Su aspecto había cambiado hasta el extremo de convertirse en una nueva y diferente mujer de la que presentaba hasta no hacía mucho los telediarios. Letizia se había retocado la cara a golpe de bisturí con la intención de no tener marca alguna para la boda y poder aparecer resplandeciente. Pero el funeral de Estado por las víctimas del atentado la obligó a salir de imprevisto de su escondrijo de Zarzuela y delató a una Letizia mutando. Y como escribió Pilar Eyre:

> Letizia, a causa de la tragedia, tuvo que quitarse los apósitos y aparecer en el hospital donde acudió a visitar a los heridos con el rostro hinchado y tumefacto, a pesar del maquillaje, la melena sobre la cara y la cabeza baja.

El atentado del 11-M y sus muertos no sólo no impidieron, por supuesto, la boda, sino que Felipe y Letizia se marcharon, días después del más cruel atentado sufrido nunca jamás en España, de viaje de novios anticipado por el Caribe, protagonizando a su regreso, el 11 de abril, treinta días exactamente desde el 11-M, el incidente en el aeropuerto de Miami que ya hemos relatado en otro capítulo.

Ítem más: mientras España estaba de luto, Letizia viajaba en el puente aéreo a Barcelona para someterse a las pruebas de su traje de novia.

CAPÍTULO 44

Novia mojada, novia afortunada: «¡Que la traigan ya!»

La lluvia fue una invitada inoportuna en la boda de Felipe y Letizia. A pesar del dicho «Novia mojada, novia afortunada», en algunos aspectos la boda, no tanto como la novia, no fue tan afortunada, ya que la lluvia impidió que Letizia pudiera llegar a la catedral de la Almudena pisando la larga alfombra roja que cubría el trayecto entre el Palacio Real, donde se había vestido de novia, y el templo, a todo lo largo del patio de la Armería.

Tras un prudencial tiempo esperando que escampara para dirigirse a la catedral donde los reyes, el novio y los más de mil cuatrocientos invitados (entre ellos, veintiún reyes y príncipes) que ocupaban ya su sitio, don Juan Carlos, que no se sentía muy feliz con aquella boda, gritó: «¡Que la traigan ya!». Y tuvieron que meter a la novia con su larga cola de tres metros por dos de ancho, a su padrino y a sus damitas de honor, Victoria Codorniu Álvarez de Toledo y Claudia González Ortiz, prima de Letizia, en un Rolls-Royce para cubrir el corto trayecto entre el palacio y la catedral. Pena daba ver a la novia tras los cristales del coche salpicados por la intempestiva lluvia, que tal parecían sus lágrimas.

Como nota desagradable de aquel día, independientemente de la fastidiosa lluvia, fue la soledad de la princesa Carolina de Mónaco acudiendo a la ceremonia en la catedral sin la compañía de su marido, el príncipe Ernesto de Hannover, quien la noche anterior a la boda decidió marcharse de juerga a la discoteca Gabana, acompañado de amigos españoles de sus jornadas cinegéticas, para regresar borracho al hotel Ritz, donde se hospedaban, cuando ya despuntaba el día. El personal del hotel recordaba las voces de Carolina, a la que vieron salir para la catedral y realizar en solitario el paseíllo, cubriéndose con una amplia pamela que no lograba tapar el rostro entristecido y descompuesto por haber llorado.

CAPÍTULO 45

Una pelea a golpes en Zarzuela

Después del almuerzo real en palacio, don Juan Carlos decidió ofrecer una cena privada a los *royals* más íntimos y familiares en Zarzuela, unos cincuenta invitados, entre estos, los reyes de Grecia Ana María y Constantino, y el príncipe Víctor Manuel de Saboya, hijo de Umberto, el último rey de Italia, antes de que el país se convirtiera en república en 1946, gran amigo suyo desde la época de Estoril. También fue invitado el primo de éste, Amadeo de Aosta, otro de los pretendientes al trono inexistente de Italia.

Tras la cena, los príncipes italianos coincidieron a la salida de la residencia de don Juan Carlos, protagonizando una trifulca derivada de una aparente provocación. Según testigos, Amadeo de Aosta, para despedirse de su primo, le dijo: «Adiós, Víctor, nos vemos», mientras le daba una palmada en la espalda. El príncipe reaccionó inexplicablemente con violencia, propinándole dos golpes en la cara a su primo. Al ser golpeado, se le oyó decir: «Pero, Víctor, ¿te das cuenta de dónde nos

173

encontramos?». Mientras, la reina Ana María de Grecia intentaba mediar, y Marina Doria, la esposa del agresor, pedía disculpas al rey Juan Carlos, a quien, testigo sorprendido de la agresión, sólo se le oyó murmurar: «¡Nunca más, nunca más!».

No hay que olvidar que Víctor Manuel es un hombre violento que, en los años 70, estando en Córcega, disparó al turista alemán Dirk Jeerd, hiriéndolo en una pierna. A consecuencia, falleció cinco meses más tarde, por lo que Víctor Manuel fue encarcelado.

Recientemente, en unas declaraciones para la docuserie *El príncipe que nunca reinó* (yo diría que afortunadamente) realizada por Beatrice Borromeo, mujer de Pierre Casiraghi y nuera de Carolina de Mónaco, declaraba que había sido testigo del accidente en Villa Giralda que costó la vida al infante Alfonsito, a causa del disparo de una pistola manejada por Juan Carlos, su hermano. ¡No es cierto! ¡Mentira! Aquel desdichado y dramático Jueves Santo en la habitación estaban los dos hermanos solos. No llego a entender esa inquina hacia su primo con esas declaraciones fuera de lugar y de tiempo.

Volviendo al incidente de Zarzuela, lógicamente, el lector se preguntará por qué tanta violencia. Investigando, he llegado a la conclusión de que la razón era por motivos dinásticos. Amadeo, el agredido, es príncipe de Saboya Aosta y sobrino de Umberto II, el último soberano italiano, cuyo reinado duró sólo veintisiete días en 1946. Es el favorito de los monárquicos puristas italianos que siguen considerando la estirpe de los Saboya «invasores francófonos», venerando a los Aosta como sucesores legítimos al trono. Mientras que Víctor Manuel, el agresor, no pudo pisar tierra italiana desde 1948 hasta finales de 2002, cuando se abolió la prohibición.

CAPÍTULO 46

Ese día, los novios se olvidaron de los ciento noventa y dos muertos del 11-M

Una vez finalizada la ceremonia en la catedral de la Almudena, los príncipes subieron a un Rolls-Royce para trasladarse a la basílica de Nuestra Señora de Atocha con el fin de depositar su ramo de novia a los pies de la Virgen, patrona oficiosa de la Villa de Madrid, siguiendo una tradición ancestral de la Familia Real española. Sorprendió desagradablemente el imperdonable olvido del atentado del 11-M cuando, al pasar junto al Bosque de los Ausentes, monumento con ciento noventa y dos cipreses y olivos *in memoriam* de las víctimas del atentado, no se detuvieran y depositaran el dichoso ramo en ese lugar. La Virgen de Atocha lo hubiera entendido. Pero ese día los novios sólo pensaban en ser felices y que ningún recuerdo les amargara lo que estaban viviendo, aunque, después de la ofrenda de su ramo, el arzobispo cardenal Rouco Varela tuvo un conmovedor recuerdo para las víctimas del atentado: «En la proximidad de la estación de Atocha, símbolo de los actos terroristas del pasado reciente 11 de marzo, recordamos con afecto a todas las víctimas de aquel execrable acto», proclamó emocionado el cardenal. «Dales, Señor, el descanso eterno y brille para ellos la luz perpetua; que sus almas y las almas de todos los fieles difuntos de ese día descansen en paz». A lo mejor, en esos momentos, Felipe y Letizia pudieron pensar en aquellos madrileños que encontraron la muerte a unos metros de donde ellos se encontraban. «Pensar» es mucho decir, digo...

CAPÍTULO 47

¿Cuándo se rompió la magia de aquel amor?

A nadie le cabe la menor duda, y al autor de este libro mucho menos, de que lo de Felipe y Letizia fue, como ya he comentado anteriormente, un matrimonio por amor, un gran amor. Aunque ella dijera a su primo David el 4 de febrero de 2004, cuatro meses antes de la boda, cuando se estaba negociando lo de las capitulaciones matrimoniales: «¿Qué vamos nosotros a imponer aquí? ¡Esto no es un rollo de amor! ¿Entiendes?». Sobre esto, David Rocasolano explicó en su libro *Adiós, princesa*:

> Letizia no estaba queriendo decir que se casaba por interés. Ni mucho menos. Ella quería a Felipe, y eso se notaba. Y Felipe la quería a ella, y eso se notaba más aún. Sencillamente, estaba reconociendo que aquel contrato era un vínculo personal, sólo al diez por ciento. El resto era puramente institucional.

Todo esto sucedía con motivo de las dichosas y desconocidas capitulaciones matrimoniales en las que tan decisiva actuación tuvo, como ya hemos visto, Jaime del Burgo, un personaje que a mí, personalmente, siempre me ha caído bien. Posiblemente, porque gusto de los hombres como mi tocayo. También por ser hijo de su padre, el que fuera presidente de la Comunidad de Navarra e ilustre abogado Jaime Ignacio del Burgo, a quien yo admiraba mucho.

Es más, a pesar de haber sido siempre muy crítico con Telma, su anterior esposa, tan inefable, difícil y complicada como su hermana Letizia, nunca recibí de él la menor queja ni petición de rectificación.

En un correo que Jaime del Burgo me envió a propósito de las capitulaciones en las que intervino, después de que Letizia le hiciera llegar por fax un borrador a Sudáfrica, donde él estaba trabajando, me cuenta lo siguiente:

> Se trataba de un documento basura tras cuya lectura redacto unas nuevas que envío. Pero los servicios jurídicos de la Casa no las aceptaron ni en todo ni en parte. Si querían que el matrimonio se celebrase, deberían firmarlas tal y como estaban. Era una imposición del rey Juan Carlos, y su palabra era ley, aunque fuera en contra de la ley.

CAPÍTULO 48

«¡*Divórciate!*»

Pero volvamos a las palabras de Letizia que figuran al comienzo del capítulo anterior y que pueden tener varias lecturas, pero ninguna de ellas la de falta de amor, protagonista indiscutible a lo largo de muchos, muchísimos años de la vida en común de la pareja.

Pero ¿cuándo se rompió la magia de aquel amor? ¿En qué momento Felipe y Letizia se convirtieron en una pareja de impulsos controlados, al menos por parte de él, bajo una aparente normalidad, para que en el mes de agosto de 2013 se hablara, por primera vez, de… ¡¡¡divorcio!!!?

La frase que titula este capítulo la utilizó el rey Juan Carlos en un enfrentamiento que tuvo con su hijo, un día de aquel verano. Sucedió en el Palacio de Marivent. Al parecer, Felipe y Letizia, como siempre, habían estipulado con la Casa Real un régimen estricto de días de vacaciones en Palma, ese lugar que la consorte odia tanto. Esta decisión saltó por los aires cuando don Juan Carlos pidió a su hijo que se quedaran unos días más.

Quería disfrutar de sus nietas. El príncipe, incapaz entonces de desobedecer a su padre, estuvo de acuerdo. Letizia, por supuesto, alegó que se había comprometido (¿con quién?) y debía irse un día concreto. Y ella se iba. Y se piró. No se supo si lo había hecho en ese mismo momento, esa noche, a última hora o en el primer avión de la mañana. Pero sí se sabe que se marchó, abandonando incluso a sus hijas y a su marido en Marivent para que continuaran las vacaciones sin ella. ¿A quién telefoneó para que la recogiera en el aeropuerto? ¿A Jaime del Burgo?

A propósito de aquel injustificado desplante, me contaron que la discusión entre padre e hijo fue tan tensa y dramática que, en un momento determinado, se oyó a don Juan Carlos gritarle a Felipe: «¡Divórciate!».

CAPÍTULO 49

Avería matrimonial de Felipe y Letizia

El tema de la crisis matrimonial de Felipe y Letizia fue de tan dominio público que hasta columnistas como Almudena Martínez Fornes, del monárquico periódico *ABC*, escribía: «El príncipe de Asturias ha reanudado sus vacaciones tras un paréntesis de cuatro días y en medio de fuertes rumores».

Y mi querido y viejo compañero de *El Mundo* Raúl del Pozo ponía el dedo en la llaga de las difíciles relaciones del matrimonio en un artículo, el 28 de enero de 2014, titulado «Avería de los príncipes»:

> Asturiana, rebelde, ambiciosa, menospreciada por el rey y las infantas, se negó a continuar la historia masoquista de las reinas de España. Sigue siendo hermosa, es decir, peligrosa, pero debería saber que su vida privada es una crónica electrónica y que su matrimonio puede tronar por los aires… En el Palacio Real siguen las sombras de Antonio Pérez, la princesa de Évoli y Lady Di. Tal es el grado de intriga que sospecho que la abdicación del

rey sería un riesgo para la estabilidad del país y para la monarquía parlamentaria, ya tocaba con otros escándalos que nos asedian.

Los cortesanos se alinean a diferentes apuestas y, como en los tiempos de la Leyenda Negra, muchas de las intrigas vienen de Londres, ciudad a la que visitan de tapadillo los miembros y miembras de la Familia Real. Los reyes, según Voltaire, se parecen a los matrimonios traicionados, nunca saben lo que ocurre; aquí en España, como en Francia, los cornudos de cualquier sangre —real o plebeya— son los últimos en enterarse.

No sé si el rey, el presidente del Gobierno o el líder de la oposición conocen algunos de los mensajes con los que los comensales disparan las novelerías de Felipe y Letizia. Desde hace unos meses, los secretos de alcoba, romances y escapadas de ella son de dominio público.

Ahora se ha vuelto a repetir el escándalo de la pérdida de aceite del aeroplano de Santo Domingo porque el Airbus destinado a los viajes de la Familia Real ha vuelto a averiarse. Pero ¿en qué país vivimos? Don Felipe ya tuvo que suspender un viaje a Brasil por otro percance y ahora ha llegado con retraso a la toma de posesión del presidente de Honduras. La avería del Airbus de las Fuerzas Armadas coincide con la avería matrimonial de Felipe y Letizia. He hablado con, por lo menos, tres altas autoridades del Estado que, en los últimos tiempos, han sido testigos de broncas entre don Felipe y doña Letizia. Una alta dirigente política de Madrid contó cómo doña Letizia se burló en público y de forma ruidosa de la falta de ingenio de su marido cuando éste dijo: «Nosotros somos unos mandados» porque el protocolo les hizo esperar.

Las broncas entre matrimonios carecen de importancia, si no fuera porque en este caso las habladurías indican que la pareja está en una seria crisis. Como si se tratara de los personajes del *cuore*, en todas partes se informa de los viajes intempestivos de doña Letizia después de cambiarse los zapatos de raso y ponerse los de cordobán. Serían pequeñeces la falta de alianza o su pasión por los rockeros electrónicos (a él le gusta reunirse con los amigos pijos). Sin maquillaje, la princesa asiste a los conciertos o se pone como un basilisco cuando en la calle hacen fotos a sus hijas.

Y el historiador Fernando de Mer, después del incidente de Palma que ya comentamos, puntualizaba algo que vale para hoy:

Letizia no tiene derecho a poner mala cara o a enfadarse en público.

Aunque el rey Juan Carlos ya había ordenado a sus asesores jurídicos preparar los papeles para el divorcio entre el príncipe heredero Felipe de Borbón y su esposa Letizia Ortiz Rocasolano, Felipe logró salvar su matrimonio. Cierto es que en ello tuvo que ver la propia Letizia, quien pasó de montaraz a colaboradora. Menos salidas privadas y más colaboración en el papel institucional que se esperaba de ella. Incluso actividades conjuntas con su suegra, la reina Sofía, por la que nunca ha sentido ni siente la menor simpatía.

Aquel cambio de Letizia, que volvió a sonreír, sirvió para serenar los ánimos, y aunque, según fuentes de Zarzuela, después de la tormenta de aquellos días, por el momento, el divorcio se había paralizado, las relaciones entre el rey y su hijo ya no fueron las mismas que antes de esta grave crisis.

CAPÍTULO 50

La nuera y la suegra no se toleran

El compañero Eduardo Álvarez, en un artículo el 7 de abril de 2018 en *El Mundo*, el periódico donde los dos colaboramos, ponía el dedo en el tema con un sugerente título: «La difícil misión de gustar a una suegra, la reina». Aunque no aborda en dicho artículo la complicada convivencia de Letizia con doña Sofía, que se puso de manifiesto de una forma elocuente y pública a las puertas de la catedral de Palma de Mallorca el 3 de abril de 2018, cuando a la reina Sofía, que vio a varios fotógrafos junto al pórtico a la salida del templo catedralicio, no se le ocurrió otra cosa que coger a sus nietas con el fin de posar para los reporteros. Entonces, Letizia se pone en medio para impedir la foto y se produce un desagradable rifirrafe entre ellas. Aunque el cruce de palabras sólo podía adivinarse, se trataba sin duda de un desagradable pulso entre ellas, en el que Felipe intentó mediar mientras se oía a don Juan Carlos decir en voz alta: «Esto no se puede tolerar». Pero más desagradable aún fue el gesto de Leonor contra su abuela, al sacudirse de su hombro la mano de la reina.

Según Pilar Urbano,

> […] la niña no hacía otra cosa que obedecer al movimiento imperativo de su madre cuando intervino para impedir la foto. Aunque la mirada de la princesita era de niña subyugada. No digo temerosa, digo subyugada, sometida a una instrucción y a una disciplina férreas.

La única reacción de Zarzuela fue «Hemos entendido y tomamos nota». Nada que ver con la reacción de Marie-Chantal, la esposa de Pablo de Grecia, primo hermano de Felipe y a quien está muy unido, ya que incluso estudiaron juntos en la Universidad norteamericana de Georgetown, que fue muy dura con Letizia: «¡Ninguna abuela merece ese tipo de trato. Letizia ha mostrado su verdadera cara!».

Pero, volviendo al artículo del compañero Álvarez, en el que, repito, no aborda la mala relación entre la reina Sofía y su nuera, en él éste sí recuerda, sobre todo, a María Teresa, la consorte cubana de Enrique de Luxemburgo, que acusó a su suegra de hacerle la vida imposible por su «origen plebeyo» y de querer destruir su matrimonio. La llamaba, despectivamente, la Criolla.

De todas formas, es bueno recordar lo que la reina Sofía le confió a Pilar Urbano al referirse a los problemas de Letizia con la familia de su marido: «Yo quise que, antes de casarse con mi hijo, viniera a vivir a la zona de invitados de Zarzuela, para que abriera bien los ojos y viera en qué familia se metía. Que no se llevara sorpresas».

CAPÍTULO 51

El paripé real

Tras el lamentable incidente entre la reina Sofía y Letizia, que supuso el mayor escándalo público de la monarquía, Zarzuela declaró, ante la pregunta de la periodista Pilar Urbano y después de reconocer que «aquello no estuvo bien», que tomarían nota, como ya hemos recordado.

La respuesta no se hizo esperar, conscientes de que era urgente atajar el escándalo. Y el «paripé real» se escenificó el 7 de abril, a las 18 horas, cuando doña Sofía, Felipe y Letizia llegaban al Hospital Universitario Sanitas en La Moraleja. El pobre Felipe, al volante; su inefable y violenta esposa, la nuera agresora, junto a él en el asiento del copiloto. La reina agredida, en el asiento posterior con sus dos nietas: Leonor, la del manotazo, y Sofía.

Hasta aquí, todo parecía normal dentro de la anormalidad que se vivía en el seno familiar, después del incidente en la catedral. Se ignoraba quién había sido el «genio» que organizó la ridícula operación de la «reconciliación y lavado público de la familia». Porque sorprendentemente patético fue ver a una diligente Letizia descendiendo como una centella para abrir, con su mejor y bastante desconocida sonrisa, la puerta del coche a su suegra. Tal cosa no lo había hecho nunca, y nunca jamás lo volverá a hacer. Para eso están los escoltas.

No era necesaria tal humillación de convertir a la consorte en un improvisado postillón o «gorrilla», como dirían en mi Andalucía. Mejor, haberlo dejado, pues hay cosas que con azúcar están mucho peor. Porque, para humillación, la que Rafael Spottorno, entonces jefe de la Casa del Rey, y Javier Ayuso, responsable de Comunicación, le hicieron pasar al pobre rey Juan Carlos, convaleciente del accidente en Botsuana —donde estuvo de cacería en compañía de su amante Corinna—, obligándolo no sólo a pedir perdón por el polémico viaje, en el que se fotografió junto al cadáver de un elefante en cuya caza participó, sino algo peor, a prometer públicamente: «No lo volveré a hacer». Como un colegial pillado en falta. Con toda la Familia Real presente, menos Iñaki, a quien no se le permitió entrar en la habitación con todos, y una Letizia cabreada como una mona, gritando desde el quicio de la puerta: «¡¡¡Vámonos, ya!!!». Me lo contó un médico amigo mío presente en la habitación junto a aquella surrealista visita familiar.

CAPÍTULO 52

La reina Sofía, la más sufridora

En mi libro *Reinas y princesas sufridoras* (Grijalbo, 2015), yo desvelaba el lado más oscuro e infeliz de las trayectorias vitales de algunas de las protagonistas más conocidas de las monarquías de hoy, viviendo en sus propias carnes infidelidades, desprecios familiares, humillaciones y depresiones.

No creo que exagere si aseguro que la reina Sofía es la más sufridora de todas. Una mujer, una profesional, que siempre ha intentado estar en su sitio, a pesar de las infidelidades, los desplantes públicos, el dolor, las vejaciones y el silencio. En esto me recuerda a su antecesora, la reina Victoria Eugenia, que sufría tanto con las infidelidades de su marido, el rey Alfonso XIII, abuelo paterno de Juan Carlos, que se hizo construir en el Palacio Real un gabinete donde se encerraba para llorar sin que nadie la viera.

Doña Sofía se casó enamorada, pero su matrimonio no fue por amor, porque los dos acababan de salir de relaciones sentimentales fallidas: Sofía, con el príncipe heredero y actualmente rey Harald de Noruega, y Juan Carlos, con la princesa italiana María Gabriela de Saboya, que a Franco no le gustaba, por lo que le ordenó que rompiera con ella. La consideraba demasiado liberal. No hace mucho que don Juan Carlos reconoció literalmente que tenía que haberse casado con ella. También es cierto que hace poco, comentando estas palabras con María Gabriela, me dijo: «Pues no le arriendo las ganancias de lo que hubiera sido nuestro matrimonio. Porque no le hubiera pasado ni una… Vamos, le corto el cuello si me hubiera sido infiel…».

Después de su boda, Juan Carlos y Sofía se instalaron en Madrid, concretamente en Zarzuela, donde Franco les controlaba hasta las Coca-Colas y las llamadas telefónicas que Sofía hacía para hablar con su madre, la reina Federica, a quien el Gobierno prohibió estar presente en la proclamación de su hija como reina de España, cuando ella ya no lo era. Fue un desprecio total. Pero la que sí estuvo presente fue María Gabriela y, además, en la primera fila en la misa de la coronación en los Jerónimos.

Puedo asegurar que doña Sofía ha sufrido muchísimo; sin embargo, nunca ha exteriorizado sus penas conyugales, a pesar de que siempre ha sido consciente de la otra vida sentimental de su marido. En cierta ocasión, le «regalé» un consejo que conocí de otra reina sufridora, Isabel II del Reino Unido, cuando le hicieron llegar la noticia de que su esposo, Felipe de Edimburgo, le era infiel. Las deslealtades del consorte llegaron al extremo de que, el día en que se incendió el castillo de Windsor, él se encontraba en Argentina, encamado con su consuegra Susan Ferguson, madre de su nuera Sarah.

Y el día del entierro de su cuñada, la princesa Margarita, yacía en el lecho de la aristócrata inglesa Penny Romsey. En estas y otras muchas circunstancias, Isabel, al igual que Sofía, mantuvo la dignidad y contestó de una forma elegante: «A mi marido yo no le pido fidelidad, sino lealtad». Pues eso, estimada reina Sofía. Y todas las reinas y princesas que en las actuales monarquías lo son.

Lo de Alberto y Paola de Bélgica fue, que se sepa, un caso único. Se engañaban mutuamente, que también puede entenderse. Donde las dan, las toman.

CAPÍTULO 53

La reina Sofía y el general Sabino

Siempre se dijo que doña Sofía estaba, si no enamorada del general Sabino Fernández Campo, jefe de la Casa del Rey, muy apegada a él. Pienso que era su paño de lágrimas. Al fin y al cabo, él era la única persona que sabía dónde se encontraba el rey en cada momento y con quién.

Casi todos los días doña Sofía entraba en el despacho del ilustre asturiano a primera hora y no salía hasta que Fernando Gutiérrez, el mejor jefe de prensa que ha habido en Zarzuela, lo apremiaba porque había varias personas esperando desde hacía horas para despachar con él. «¿Qué quieres que haga, que la eche?», respondía el inolvidable Sabino.

En cierta ocasión, y en el transcurso de una cena a cuatro (María Teresa, mujer del general; Carmen, mi mujer; Sabino, y yo), oí que, en voz baja, Carmen le preguntaba a María Teresa si pensó alguna vez que la reina pudiera estar enamorada de Sabino. «Pues no lo sé, nunca me ha comentado nada». A lo que mi mujer le dijo: «¿Se lo pregunto?». Y ella le contestó: «Sí, pregúntaselo».

Ingenuo de mí, pensé que Carmen, a pesar de la amistad y confianza que nos unía, no llegaría a hacerle tan atrevida pregunta. Pero cuál fue mi desagradable sorpresa al oír la voz de mi mujer dirigirse a Sabino. ¡¡¡Tierra, trágame!!! «Sabino, ¿tú crees que la reina ha estado enamorada de ti?». Cuando creí que Sabino iba a contestarle como se merecía ante esta impertinente pregunta, me quedé agradablemente sorprendido y tranquilo cuando escuché decirle, sonriendo: «¡Qué cosas preguntas, Carmencita, qué cosas preguntas!».

CAPÍTULO 54

Los dineros de Letizia

El domingo 13 de agosto de este año, el Palacio de la Zarzuela, a través de su página web, daba a conocer, en un gesto de transparencia y a razón de una auditoría por parte de la Intervención General de la Administración del Estado, los dineros no sólo del rey, sino de la Familia Real. Según dicha información, la Casa del Rey había ahorrado en 2022 la suma de 273.643 euros, siendo el saldo en sus cuentas en diferentes bancos de 6.05 millones de euros. Aunque, en lo que respecta a las cuentas, la jefatura del Estado dispuso en ese año 2022 de una partida de 8.43 millones de euros, cantidad que el rey tiene capacidad de administrar libremente.

Según esas cifras oficiales, Felipe recibió un sueldo de 258.927 euros, y Letizia, de 142.405 euros. La reina Sofía se tuvo que contentar con 116.525 euros. En total, la Familia Real recibió 517.857 euros.

Mientras el patrimonio personal de Felipe asciende a 2.573.329,80 euros distribuidos en 2.267.942,80 euros en depósitos, en cuentas corrientes o de ahorro y valores en fondos de cualquier entidad.

Sería interesante recordar que, cuando Felipe se casa con Letizia, ésta no aporta ni un euro. Los 230.000 que figuran en su patrimonio son el resultado de la venta, en 2008, de su piso de soltera en el barrio de Valdebernardo, un apartamento de 90 metros en la séptima planta de un edificio de once. El lector se preguntará, con lógica, por qué no se publican los bienes de Letizia pese a tener ese buen sueldo. No vale la explicación de Zarzuela de que «no está previsto porque no ostenta la titularidad de la Corona y no asume responsabilidades constitucionales, al contrario del jefe del Estado». Lo que es una contradicción, ya que ella figura siempre como «la reina Letizia», que no es. No olvidemos que la jefatura del Estado no es, jamás, bicéfala. Cuando se habla de «los reyes», se incluye, constitucionalmente hablando, a la reina Letizia, que sí asume, con su presencia, responsabilidades constitucionales. ¿En qué quedamos? ¿Ostenta o no la titularidad de la Corona?

A propósito de la publicación de los dineros de Felipe y familia, sería oportuno recordar que el titular de la Corona, como muchos españoles, sólo tiene sueldo, pero no patrimonio. Todo lo que disfruta, todo, es Patrimonio Nacional desde el 7 de marzo de 1940: la casa en la que vive, la propia Zarzuela y, por supuesto, el Palacio Real y el Palacio de El Pardo.

Solo existió una oportunidad de que la Familia Real tuviera una propiedad personal con La Mareta, en la isla canaria de Lanzarote, un regalo del rey Hussein de Jordania a finales del 80 y que hoy disfruta el presidente Pedro Sánchez y familia. Hasta el año 2000, la Familia Real lo frecuentó, e incluso estando allí reunidos en una ocasión para despedir 1999, el 2 de enero, fallecía, repentinamente, María de las Mercedes de Borbón, la condesa de Barcelona, madre del rey Juan Carlos. El 4 de diciembre de 2015 es cuando Felipe decidió, de acuerdo con su madre, la reina Sofía, y sin contar con don Juan Carlos, desprenderse de La Mareta, porque «era muy costoso el mantenimiento», en palabras de Sofía. «Era mejor traspasarla a Patrimonio Nacional para que corra con todos los gastos». Lo que no esperaban es que quien la utilizaría como propia sería Pedro Sánchez.

De haber seguido siendo propiedad de la Familia Real, don Juan Carlos no tendría que andar por esos mundos de Dios viviendo de prestado desde que Letizia, en una acalorada y violenta bronca con Felipe, con una falta total del mínimo respeto, lo obligó a romper definitivamente con su padre. No le valió a la enfurecida Letizia que Felipe intentara hacerla entrar en razón incluso llorando. «¡Esto lo matará! Es mi padre», le dijo, según el testigo que me lo relató. No existe la menor duda de que Letizia salió fortalecida de esta crisis. Y Felipe, como siempre, fue el perdedor. En Zarzuela ya no hay más voz que la de ella.

CAPÍTULO 55

El otro Felipe

El poder de influencia de Letizia no sólo lo ejerce en su casa y entre su familia, y, por supuesto, en todo el personal de la casa que ella lleva como una estricta gobernanta. Yo conozco a algunos de estos, más que funcionarios, empleados, quienes tienen para contar y no acabar. Ella es tan consciente de su poder e influencia que los pone en práctica incluso con el estilismo. Según la compañera de *El Mundo* María José Pérez, en una visita a la Mercedes-Benz Fashion Week Madrid, en febrero de 2022, todo el mundo, sobre todo agentes de la industria, creadores y jóvenes diseñadores, estaban pendientes del estilismo de la consorte real. Ella, al saberlo, decidió que la ropa que vestiría ese día no tuviera firma «para no significarse en el templo de la moda española». Hasta ahí llega el poder de su influencia.

Por supuesto que en su guardarropa hay firmas como Pertegaz, Lorenzo Caprile, Pedro del Hierro, Matilde Cano, Carolina Herrera, Del Pozo, Charo Ruiz, Massimo Dutti, Bimba y Lola, y hasta Mango y Zara. Aunque su predilecto durante mucho tiempo fue el «otro» Felipe, Felipe Varela, ese gran modisto madrileño de cincuenta y cinco años que se convirtió en su preferido para vestirla, a pesar de que era un gran desconocido para la mayoría de los españoles. Cierto es que él ha evitado en todo momento el protagonismo. Desde que en 2004 se convirtiera en el modisto de cabecera de Letizia, sólo una vez, y según la compañera Maite Alcolea de *Pronto*, hizo una pequeña concesión a la prensa reconociendo que «doña Letizia es la mejor embajadora de la moda española». Y añadía: «Es un auténtico privilegio y un halago poder trabajar para ella. Todo lo que se pueda decir es poco. Es una mujer con mucho estilo. Con clase y una figura envidiable». Si él lo dice…

Casualmente, Felipe Varela estudió en el colegio Santa María de los Rosales, el mismo donde Felipe y sus hijas, Leonor y Sofía. Pero la relación de Letizia con Felipe Varela fue gracias a dos Jaimes: Jaime del Burgo, muy amigo de su hermana Rut, y Jaime de Marichalar.

Según contaba el querido, admirado y desgraciadamente fallecido Carlos García Calvo, el mayor experto en estilo, moda, joyas y protocolo de los últimos tiempos, el entonces duque de Lugo y la infanta Elena vivían en un piso cuyo edificio era casualmente el mismo en el que Felipe Varela tenía su tienda, en la madrileña calle de Ortega y Gasset. Esta coincidencia y la pasión de Jaime por la moda los llevaron a ser, más que conocidos, amigos. Por ello, cuando Letizia se va a casar, Jaime pidió a Felipe Varela que vistiera a la madre y a las hermanas de la novia. También insistió Jaime del Burgo en que lo hiciera.

Las imágenes de éstas vestidas por Felipe impactaron tanto a Letizia que lo convirtió en su diseñador de cabecera, y fue el comienzo de una buena amistad, hasta el extremo de verla en restaurantes comiendo con el diseñador y Joel Norberto Vázquez, un galerista con quien Varela contrae matrimonio en diciembre de 2010. Era tal la amistad del modisto y Letizia que Felipe recurrió a ella para que lo aconsejara sobre cómo casarse con la mayor discreción para evitar a los fotógrafos.

De Felipe Varela fue el vestido malva con jaretas que Letizia lució en su duelo estilístico con Carla Bruni, en el que no sólo compitieron en elegancia, sino en traseros, subiendo las escalinatas del Palacio de la Zarzuela. El de la consorte española resultó ganador por su rotundidez. Y espectaculares fueron también los diseños de Felipe Varela lucidos en las visitas oficiales a París y el Washington de los Obama.

Por todo ello, es lógico y normal pensar que Varela es el otro Felipe importante en la vida de la consorte real.

CAPÍTULO 56

Las estrictas exigencias gastronómicas de Letizia

Posiblemente, con el fin de cuidarse, Letizia opta por la comida sana. Ignoro si la consorte es vegetariana como doña Sofía. Pero hace no mucho tiempo fue vista en el restaurante Viva la Vida, del madrileño barrio de La Latina, disfrutando de platos de verduras, especialidad de la casa, y de unos *nuggets* de queso de cabra y salsa de jengibre. También frecuenta Yatiri, otro vegetariano en el centro de Madrid. Felipe, por su parte, se suele decantar, siempre que va a un restaurante, por el pescado. En una visita al Quenco de Pepa, pidió lenguado a la plancha.

Como vemos, la reina consorte es una mujer de obsesiones por todo aquello que redunda en beneficio de la salud, entre ellas, la gastronómica. Lo supimos gráficamente cuando, en enero de 2018, excepcionalmente permitió, con motivo del cincuenta cumpleaños de Felipe, que los españoles «participaran» en un almuerzo familiar y conocieran los menús que se sirven diariamente en la casa y de los que Leonor afortunadamente se libra desde el día que ingresó en la Academia Militar de Zaragoza. Menús que están fuera de su alcance, ya que se rigen por el protocolo de la institución.

A Letizia ya le gustaría actuar en la Academia como hizo en el colegio Santa María de los Rosales, donde cursaron estudios la princesa y la infanta, imponiendo una estricta dieta distinta a la de todos los alumnos. El colegio accedió a la petición con una condición: pagar un extra, un plus que Letizia asumió. El menú incluía verduras, proteínas y legumbres, y que los alimentos fueran naturales, sin haber sido procesados; sólo aquellos que hubieran sido cocinados al vapor, a la plancha o preparados *in situ*.

Cierto es que se trata del menú que se consume en su casa, como pudimos ver en vivo y en directo cuando nos permitieron «sentarnos» a su mesa en aquel almuerzo familiar.

Como se pudo observar, la propia Letizia se encargó de servir una sopa con verduras verdes y champiñones a sus hijas y a su marido, el único que bebía vino blanco. Ella y las niñas, sólo agua.

El segundo plato, pescado azul, concretamente unos filetes de caballa. Según la revista *Telva*, que ofrecía la información, «Leonor y Sofía se miran de reojo y se ríen cuando ven el plato». Continuaba diciendo la publicación que era normal que tomaran la sopa con verduras, «porque éstas forman una parte principal, casi el 70 %, de la dieta familiar, junto con proteínas magras, pescado azul y huevos, entre otros superalimentos de la dieta mediterránea».

La información de *Telva* decía que Letizia va a más, convirtiéndose en una auténtica fanática de los probióticos como la kombucha, de la que se cuenta que ha entrado en la Zarzuela para quedarse como elixir para prevenir además enfermedades y tener una salud de hierro. Hay que añadir su práctica de yoga y todos sus esfuerzos deportivos.

Como seguidora de la dieta Perricone, suele desayunar una tortilla de tres claras y una yema o 150 gramos de salmón a la parrilla y frutas rojas de temporada.

CAPÍTULO 57

El diario de Letizia y sus «memorias»

No hay duda de que la vida de Letizia es una novela con los ingredientes más apasionados y apasionantes que pueda vivir un ser humano. Y, sin duda alguna, la única mujer que se acuesta y se casa con el príncipe de sus sueños. Aunque, en el primer encuentro-desencuentro en el ayuntamiento de Madrid, me reprochó que yo hubiese publicado en *El Mundo* que estaba triste. Por todo esto y mucho más, merece escribir sus memorias. O al menos, un diario, como pretendió nada más casarse y todavía no mandaba lo que manda hoy. No hay que olvidar que fue periodista.

Al parecer, Felipe la sorprendió escribiendo y se lo prohibió, cuando entonces él podía. Craso error. La reina Isabel de Inglaterra llevaba desde que fue coronada su diario. Lo redactaba todos los días antes de acostarse. También la reina Fabiola. Jesús Hermida y yo se lo robamos con la colaboración de Jaime de Mora y Aragón, que nos abrió su palacete en la calle Zurbano de Madrid para que hiciéramos un reportaje y, por supuesto, en su ausencia. Cuando al regreso advirtió su desaparición, nos denunció al ministro Camilo Alonso Vega, apodado don Camulo, que lo era de la Gobernación hoy de Interior, y éste mandó detenernos.

Me gustaría que Letizia retomara hoy, que es la que manda, aquella iniciativa del diario que, si es sincero y se escribe no para ser leído por los demás, sino como un desahogo puntual e íntimo, como un onanismo de los hechos de cada día, puede llegar a ser tan valioso como las propias memorias. Como una obligada aportación a la verdad. Así hizo Rose Kennedy, justificando que lo hacía para que se conociera la verdad sobre ella y su familia, que, como la de Letizia, está plagada de interpretaciones erróneas. También la reina Federica, madre de su suegra, las escribió para compartir con sus semejantes ese deseo de hallar la verdad sobre el significado profundo de la vida.

Tú, querida Letizia, que eres una persona un tanto especial, con especial sabiduría y especial bagaje de experiencia, no sólo puedes, sino que debes. Le guste o no a Felipe… Aunque algo peligroso sería.

CAPÍTULO 58

Tal parecía que se iba a la guerra

La mayoría de la prensa cortesana española interpretó las imágenes de Letizia mirando embelesada a su
marido, durante la visita a una granja escuela de Palma,
como una demostración de estar muy enamorada. Fue
esa misma mirada la que le dedicó anteriormente en su
último viaje a Inglaterra y de la que el *Daily Mail* extrajo
el siguiente titular: «Deslumbrada y con adoración». Y,
como no podemos negarle su rapidez mental, Letizia,
en vista de la reacción a aquella mirada, decidió volver
a repetirla en la susodicha granja balear para crear la
misma sensación y que de ello diera cuenta la prensa
de su país. Pienso, personalmente, que esas fotos eran
teatro, puro teatro. Aunque no hay que olvidar que, en
toda pareja, siempre hay uno que ama y da más que
el otro. En el caso de Felipe y Letizia, no hay duda de
que la consorte, muy inteligente y muy cerebral, ha sido
quien más y mejor ha sabido mostrar públicamente sus
sentimientos, sin tener en cuenta la regla de oro de las
mayorías de las Casas Reales a propósito de los senti-

mientos y las efusiones amorosas. ¡Por amor de Dios, nunca delante de la prensa!

Durante estos años de matrimonio hemos descubierto que la sonrisa expansiva y espontánea de Letizia que puede, maliciosamente, brillar en su rostro es tan cálida como gélida resulta su desaparición repentina, en fracción de segundos, cuando menos se espera. Ella puede cambiar súbitamente si alguien o algo le disgusta. Lo sé por experiencia.

Con motivo de aquella mirada tan teatral, me dediqué a estudiar las diferentes miradas en un intento por calificar, con conocimiento, esa que tanto ha impresionado al personal.

Según Ronald E. Riggio, profesor del Claremont McKenna College de los Estados Unidos y autor de un estudio acerca del poder de la mirada, ésta es «una de las formas más versátiles para expresar sentimiento y emociones. De hecho, a través de la mirada puedes transmitir muchas cosas sin decir una sola palabra. Por eso se les llama a los ojos la ventana del alma».

Mirar tan fijamente como hace Letizia a Felipe en la famosa foto puede generar una reacción de excitación incluso física.

También hay miradas falsas utilizadas para fingir felicidad (tal parece la que motiva este comentario). Cuando la mirada es honesta, y según el profesor Riggio, los ojos se achinan y se generan patas de gallo en los extremos.

Pienso, y a lo peor estoy equivocado, aunque llevo mucho tiempo observándola, que Letizia es una mujer tercamente decidida a cumplir con su deber. Y lo hace hasta cuando estrecha la mano. Con firmeza, en el más amplio sentido de la palabra. Quien la saluda queda convencido por el apretón de que ella ha correspondido con afecto y admiración.

Dicen quienes la conocen que Letizia tiene el corazón de acero y que difícilmente deja adivinar sus sentimientos. Por ello, aquella foto de la teatral mirada es toda una sorpresa. Cierto es que había muchos fotógrafos. Porque, querida, exteriorizar tus sentimientos de puertas hacia afuera no es ni correcto ni elegante. Aunque sé, por fuentes de toda credibilidad, que los problemas de tu vida afectan a la convivencia y a la estabilidad emocional no sólo con Felipe y tus hijas, sino incluso con tus más directos colaboradores y hasta con el servicio, cansado de tus modos y tus voces. Por todo ello y mucho más, la amorosa, apasionada, vehemente, ardorosa, impulsiva y enamorada mirada, pienso, fue… ¡¡¡puro teatro!!!

Cuando finalizaba el verano de 2023, y siguiendo los pasos de su padre y anteriormente los de su abuelo, Leonor ingresaba en la Academia General Militar de Zaragoza. A diferencia de Felipe, que, cuando ingresó en la Academia en septiembre de 1985, lo hizo solo y después de oír misa en el templo del Pilar y besar el manto de la Pilarica, a Leonor la acompañó la Familia Real en pleno, o lo que de ella queda: sus padres, Felipe y Letizia, y su hermana Sofía. A las puertas del centro militar, la cadete fue objeto de grandes efusiones amorosas, sobre todo por parte de su madre, que tal parecía una puesta en escena de una madre despidiendo a una hija que se va… a la guerra, con un abrazo que no tenía fin y que abarcaba no sólo el cuello, sino la espalda, con los ojos cerrados, mientras la princesa intentaba no descomponerse por la emoción arrastrando su maleta. El rey despidió a su hija con un gesto cariñoso en el que lo importante eran las miradas sostenidas.

No me cabe la menor duda de que Felipe recordaría, en esos momentos, cuando pasó por el mismo trance, pero en solitario. Al igual que treinta años antes había hecho su padre y abuelo de Leonor, el rey Juan Carlos, cuyo paso por la Academia fue mucho más trágico. El cadete Juanito había viajado de Zaragoza a Estoril a pasar la Semana Santa con sus padres. Y por esas terribles y dramáticas situaciones, al venir de los oficios religiosos del Jueves Santo, jugando con su hermano Alfonsito con una pistola que creían descargada, ésta se disparó matando al pequeño. ¿Se imaginan ustedes el drama? ¿El de toda la familia y, sobre todo, el de Juan Carlos? Y al conde de Barcelona no se le ocurrió otra cosa que enviar al traumatizado Juanito, justamente al día siguiente, de vuelta a la Academia Militar. Pensando en ello, ¡qué crueldad, qué crueldad!

Leonor sigue también los pasos de las princesas herederas de las monarquías europeas dentro de esa corriente militar que sacude todas estas instituciones del viejo continente. Incluso de las que ya no están en el trono. Un nieto de mi querido y viejo amigo el exrey Simeón de Bulgaria, llamado como su abuelo, hijo de la princesa Kalima y del mítico Kitín Muñoz, ha recibido formación militar en el Campamento Don Pelayo, en Miraflores de la Sierra. Emocionaba ver a un jovencito cadete de dieciséis años, dos menos que la princesa Leonor, y apellidado Sajonia, Coburgo, Gotha (no puede tener más ascendencia real) vestido de soldado, con uniforme de camuflaje; una imagen que ha merecido la atención de la prensa francesa, concretamente de la revista *Point de Vue*.

Leonor es una de las ciento cuarenta mujeres que se convertirán en cadetes entre seiscientos doce hombres, a diferencia de la época de Felipe, su padre, y por supuesto de la de su abuelo, en la que no había mujeres.

Estoy seguro de que Felipe, al igual que su padre cuando ingresó en el centro militar de Zaragoza, habrá advertido a Leonor que ella es, tan sólo, una cadete más, aunque sea hija de rey y ¿futura reina?

CAPÍTULO 59

El pelo de Letizia y sus estilistas

En abril de 2015, Boris Izaguirre escribía un artículo en *El País*, titulado «El pelo de la reina». Un artículo muy cortesano, como es él, pero que resultaba muy curioso, ya que abordaba un tema que es algo así como una seña de identidad de Letizia, una curiosa seña de identidad, ya que cambia de peinado como de modelos de ropa. Se le han llegado a contabilizar hasta… ¡¡¡trece!!! peinados diferentes en cuatro años. Como escribía el estimado Boris:

> La reina, la mujer del nuevo peinado. Encantada de que todas las cosas que está poniendo en marcha le salgan bien. Como su nuevo peinado. Que es el corte que la aparta definitivamente de Letizia Ortiz y de la princesa de Asturias. Es el pelo de la mujer que es ahora, pelo de reina. Cuando una mujer se corta el pelo es porque algo serio acaba de pasar en su interior.

«El pelo, ¡bueno!, el pelo es como si adquiriera vida propia», según le reconoció Letizia al inefable Boris.

Cierto es que esta imagen que ofrece es obra de Eva Fernández, denominada su asesora de moda, aunque es mucho más. Fue estilista en las revistas *Glamour* y *Cosmopolitan*. Trabaja con Letizia desde 2015. Con ella, la consorte real se siente segura hasta el extremo de que su imagen ha mejorado considerablemente.

Otra de las personas importantes en su físico es Luz Valero Reneses, su discreta peluquera de cámara, quien, según Eduardo Verbo, desde hace veinte años se desplaza casi a diario cerca de las seis de la mañana hasta la residencia de la consorte real. Y allí, en una sala habilitada, peina a Letizia, le da las mechas, le hace recogidos y da rienda suelta a la imaginación con la tijera. «El corte no es creación sólo mía; ella y yo consensuamos las decisiones». Ella es la responsable de su cabeza —por fuera, *of course*—, de sus cabellos, tan importantes en sus apariciones públicas. Esta peluquera la acompaña desde que Letizia presentaba los informativos. No sólo es una buena amiga, sino su máxima confidente. Luz consigue dar luminosidad y volumen a sus cabellos. Está siempre a su disposición. La puede llamar en cualquier momento del día. Siempre tiene una maleta preparada. La acompaña a todos sus viajes internacionales. Es más, ella fue quien la peinó el día de su boda con Felipe.

Luz Valero es la más importante peluquera de TVE. Por sus manos pasan las cabezas más famosas de la cadena. También ha participado en algunas producciones de la televisión pública, como la serie *La viuda valenciana*, que protagonizó Aitana Sánchez Gijón y el actor Fran Perea en 2010.

Según Almudena Martínez-Fornes, periodista de *ABC*, la propia Letizia «ha comentado en privado su sorpresa por el exagerado protagonismo que se les da a sus peinados y las interpretaciones que se hacen de los mismos». Incluso hay algunos tan disparatados que, en los nuevos peinados, quieren ver mensajes ocultos de renovación en la monarquía. ¡Que ya son ganas de decir tonterías!

Cierto es que aquí, en España, no se está acostumbrado a que el peinado de la reina sea noticia. Por una sencilla razón: a diferencia de su nuera, a quien le gusta probar y experimentar con cortes y recogidos, doña Sofía, a lo largo de su vida, luce la misma arquitectura capilar desde que era veinteañera. No ha cambiado nunca de peinado. Desde su juventud le ha gustado llevar los cabellos ahuecados, con volumen. «Es un peinado muy acorde con su personalidad y estilo clásico y su papel institucional», según el director de Maison Eduardo Sánchez. La reina emérita es fiel a su imagen sobria, y todo el cambio que le he visto a lo largo de los años, cubriendo innumerables viajes y reportajes, ha sido, quizá, la reducción de aquellos inmensos cardados, disminuyendo el volumen de su cabeza. Un caso similar fue el de la reina Isabel II de Inglaterra, que, a base de no mover ni un rizo, consiguió fijar su imagen, igual que la reina Sofía, en la retina histórica como un icono de la peluquería.

Tampoco podemos olvidar a la profesional de peluquería Gema Campos y a Asunción, la maquilladora, mujeres que forman el equipo que cuida del estilismo de Letizia y las responsables, sobre todo Luz Valero, de los trece peinados distintos que ha lucido en diferentes actos. Y que iban desde recogido con cascada en los Premios Príncipe de Asturias de 2004; melena con bucles durante el desfile del Día de la Hispanidad en 2007; melena corta rizada en la cena ofrecida al presidente de

Perú Alán García en 2008: trenza y *chignon* en la primera visita oficial ya como consorte real a Bélgica, el 14 de noviembre de 2014; asimétrico en los Premios Príncipe de Asturias de 2012; extraliso en la reunión del Patronato de los Príncipe de Asturias; con coleta en esos Premios, pero en el 2010; con recogido bajo para el estreno de la diadema «Princesa», en la cena a la realeza europea en Dinamarca, con motivo del setenta y cinco cumpleaños de la reina Margarita; suelto, con alguna onda, en 2013, en la cena de la Comisión del COI; recogido elegante en los Premios Príncipe de Asturias de 2011, y ondulado y con mechas en el almuerzo oficial en el Palacio Real de Amman durante la visita oficial a Jordania.

Según Cote Villar, mientras las consortes reales suelen adoptar un estilo y una imagen que perduran a lo largo del tiempo y contribuyen a crear una marca propia, éste no sería el caso de Letizia, que en cada aparición pública gusta de sorprender con un peinado diferente cada día. ¿Falta de personalidad? ¿Poca seguridad en lo natural? ¿Excesiva preocupación por su físico? Su encanto y su belleza no dependen de su peinado. Ella siempre es y será una mujer bonita…, con ayuda, como hasta la fecha, de cirugías, infiltraciones y tratamientos de estética.

Y según el aforismo de Gertrude Stein, «una rosa es una rosa, es una rosa» que, independientemente del color, siempre olerá igual.

EPÍLOGO

No ha sido una gran historia de amor

Estoy de acuerdo con la prensa cortesana y babosa en que Letizia es una mujer bonita, incluso guapa, hasta glamurosa, de elegante figura (que se la trabaja), culta, con arrolladora personalidad, disciplinada, elocuente, excepcional, de voz perfectamente modulada cuando quiere, entonación exacta, a veces impostada y poco natural, y todas aquellas cualidades que el diccionario de sinónimos le pueda atribuir y que, como el valor al soldado español, se le atribuyen.

Aunque también tiene varios defectos, como se ha podido ver a lo largo de este libro y que no vamos a enumerar de nuevo. Pero sí quiero destacar uno: es una mandona, una gran mandona, y se le nota. Porque lo inteligente sería serlo sin parecerlo. Pero es superior a sus fuerzas. Se desenvuelve con soltura y seguridad, demostrando que los pantalones le sientan no bien, sino muy bien.

Todavía recuerdo el día de la petición de mano en el Palacio de El Pardo ante trescientos periodistas frente a los que se movió con excesiva soltura. Sólo le faltó responder a la prensa como hacen las estrellas de la tele: «¿Cuál es mi cámara?».

Letizia es algo importante: la primera española que se ha convertido en consorte del rey después de tres extranjeras sucesivas, como ya hemos recordado. ¡Ya era hora de que España tuviera una consorte española! Y también por primera vez, una consorte de origen modesto, nada que ver con sus antecesoras. Sólo le deseo que procure no defraudar a los españoles. Incluso a aquellos que hoy no la aceptan o la aceptan con reservas.

En definitiva, a estas alturas puedo afirmar que lo de Felipe y Letizia no ha sido una gran historia de amor. Al menos, por parte de ella. Y no me pregunten por qué lo digo. Ambos saben, y sobre todo Letizia, que valgo más por lo que callo que por lo que cuento. Y lo que, por dignidad y respeto, callo lo callaré siempre.